U0093360

還在羨慕富二代，
滿腦子只想做小開？
誰不想有錢？誰不想致富？

原價250
限量特價
$199

告別月光族，晉身有錢一族

張兵——著

現代人想在夾縫中求生存，
只要用對方法，用點頭腦，
包你馬上告別月光族，
晉身有錢一族

沒錢沒房沒車子，孩子妻子下輩子？
吃喝玩樂全花光，一到月底就心慌，
恨不得人間蒸發，
這是你的真實寫照嗎？

【前言】

二十幾歲你不理財，三十歲後財不理你

每天玩命地擠公車的時候，看著窗外飛馳而過的一輛輛名車，你是否覺得有些失落呢？每天中午到外面就餐，看著別人一桌桌豐盛的宴席，你是否感覺有些沮喪呢？

有錢人穿著華麗的衣飾、吃著山珍海味、住著花園式的別墅、開著高檔名牌跑車，穿行在各式酒會裡，顯得高貴強勢，有涵養又有品味。沒錢的人整日被生活壓力所累，爲了混口飯吃，爲了買間房子，爲了女友的一枚鑽戒，爲了孩子的奶粉錢，爲了兒子上大學，爲了照顧住院的老人，爲了自己的養老金……

生活，有時候就是這樣無奈。這個世界不會同情弱者，更不會可憐任何人。現實就是這樣，沒錢的人處處受限制，想辦點事比登天還要難，也許你認爲的難事只是富

前言

人的一句話而已。窮人，注定是一個時代最悲慘的「弱勢群體」，注定成爲整個社會金字塔的底層！有錢才能挺直你的腰桿，有錢才能揚眉吐氣地做人，有錢才能享受優質的生活，有錢才是一個真正的成功者！有財富，即自信！

二十幾歲的年輕人，你知道什麼是理財嗎？你知道理財的重要性嗎？你知道理財的方法嗎？你知道怎麼通過理財賺錢嗎？你知道什麼是投資嗎？你知道怎樣投資嗎？

要想成爲一個富人，必須具備成爲一個富人的條件。什麼條件？首先要有富人的頭腦和思維，小富即安的心態是永遠也成不了富翁的！除了理財的理念，我們要懂得怎樣去規避理財的誤區。正因爲我們沒錢，所以我們更需要理財。躲開理財的陷阱，然後努力去學習理財的知識，掌握理財的秘密，努力奮鬥，也許你真的能結束在夾縫中生存的「窮日子」！

學理財，首先我們要學會花錢，花錢也是一門學問，看看那些富人，他們都是花錢的高手，從來不會讓自己的錢像霧水一樣蒸發。有錢人很重要的一個理財方法就是盡可能地去節省小錢，然後讓小錢不斷地像滾雪球一樣，利滾利，錢生錢，最後成了一座大金山。

當然，理財不是一件很簡單的事，需要系統地學習一些理財的知識。向周圍的富人學習的同時，還可以向先哲們學習，比如一些古老的理財聖經。掌握了這些理財知識，就可以嘗試著去投資了，因爲投資幾乎是每個上班族都應選擇的最佳理財方式。投資有一定的風險，但帶來的效益也是可觀的。投資的方式多種多樣，炒股票、基金、地產、黃金、債券、藝術品，任君選擇，但謹記適合自己最重要！

如果你的野心更大，實力更強悍，那你就去試試創業！創業是很多億萬富翁走上成功之路的好方法。年輕人正處於思維最爲敏捷、精力最爲充沛、風險承受能力最大的時期，勇敢地創業，也許是最好的「理財方式」。

二十幾歲的年輕人，離三十歲不遠了，學習理財是你最爲明智的選擇。現在學投資，而立之年才能真正地「立」起來。金錢的富有，標誌著一個人事業的成功，很大程度上，也代表著整個人生的成功！

告別月光族，晉身有錢一族

WINNER

目錄 Contents

前言　二十幾歲你不理財，三十歲後財不理你・3

第一章　二十幾歲開始理財，三十歲後讓人刮目相看・13

在這個世界上，沒有什麼比有錢更讓人自信的了！有錢，可以做很多有意義的事；沒錢，心有餘而力不足。到了而立之年，沒錢沒房沒車子，找個老婆都困難！看看那些有錢人，再看看自己，簡直太寒酸了。所以，從二十幾歲開始學習理財吧，到了三十歲的時候讓所有的人刮目相看！

◎二十幾歲的理財觀，決定你的後半生・14
◎前半生栽樹，後半生乘涼・16
◎財富給人無限自信，三十歲後一定要有錢・19
◎馬太效應——貧者越貧，富者越富・21
◎窮人不僅缺錢，更缺理財的頭腦・22
◎大部分的人空有賺錢能力，卻缺乏理財功力・25
◎財神不理財，最終會慘變債神・28
◎六個習慣讓你理財成功一半・30
◎二十幾歲學理財，三十歲後變富不是很難的事・34

第二章　不窮不富的二十幾歲人更需要理財．37

有人說：理財理財，沒錢理什麼？每月發的那點死薪水還不夠一件衣服錢呢？錯！正因為沒錢才要理！這個年齡，大家都在為了事業而奮鬥，上班賺錢不容易，不會理財往往就變成了「月光族」。其實，薪水低照樣能理財。把你的錢養起來，堵住財富流失的黑洞，相信你很快就能擺脫窮困的現狀！

◎二十幾歲學理財，下一個富翁就是你．38
◎徘徊在「月光族」邊緣的二十幾歲人如何理財．41
◎把錢養起來——薪水低照樣能理財．45
◎不向家裏要錢就算進步？
——職場新人理財法則．49
◎兼顧收入與發展——職場新人理財巧選擇．51
◎規劃未來生活——未婚男女怎麼理財．53
◎沒有錢，也要向百萬富翁學理財．55
◎每天花一分鐘記賬，堵住財富消失的黑洞．60

第三章　會花才有錢——合理理財，從花錢開始．63

花錢也是一種理財，該花的錢一定要花，不該花的一分也不能花。現在很多年輕人不明白這個道理，不懂得量入為出，不能讓所花的錢發揮最大的作用，這簡直是一種對金錢的浪費！

◎會賺錢是印鈔機，會花錢是提款機．64
◎如果現在沒有積蓄，請你把愛花錢當做病來醫吧．66
◎把錢花在刀口上——讓每一分錢物盡其用．69
◎吝嗇有時是一種優秀的品質．70
◎善用理財之道，單身族也能很有錢．72
◎將小氣進行到底，日子豐富多彩有滋味．76
◎魚和熊掌兼得——既要節約省錢，又要享受生活．78
◎二十幾歲白領們的低成本時尚方案．81
◎二十幾歲要懂得的量入為出的理財常識．84

第四章 二十幾歲成功理財的十個秘密·87

理財的秘密不是那些只懂高談闊論的專家們發現的。這些理財的小妙招都是經過長期實踐，投資者嘔心瀝血總結的經驗，非常適合二十幾歲的年輕人。掌握了這些理財秘密，不一定能讓你發大財，但至少會讓你明白——理財到底是怎麼一回事。

◎與最適合你的投資工具「談戀愛」·88
◎當你的投資回報率超過銀行利率就能成富人·91
◎借雞生蛋——投資你的債務·93
◎理財應該學會管理時間——十二位總裁的時間哲學·94
◎三分法——組合投資「錢生錢」·98
◎學學快樂房奴的理財經·99
◎資產再投資，新婚族理財方案·101
◎最大限度地使自己的財富保值——通脹時期怎樣理財·104
◎「傻瓜投資術」——逢低加碼投資的五竅門·107

第五章 年輕人！躲開理財的誤區·113

在財富之路上，我們要儘量躲開陷阱，繞過荊棘，就算沒辦法躲開，也要磨快自己的刀子，殺過去！學會躲避，很多情況下，就是成功！希望你能改變這些錯誤的理財觀念，越來越成熟，也越來越有錢。

◎不要等錢多時再理財，這樣你永遠不會有錢·114
◎錢不是省出來的——只存銀行不可取·117
◎總想一夜暴富，很容易被套住——不要輕易相信股神的話·120
◎如何避免越理越窮——雙薪家庭理財的訣竅·123
◎投了保也不保險——解讀保險中的七大誤區·128
◎基金投資不是高收益儲蓄——如何躲避基金的風險·131
◎認真閱讀「產品說明書」，莫入預期收益誤區·134
◎二十幾歲年輕人理財三戒三宜·137
◎二十幾歲年輕人不可犯的十二條投資鐵則·140

第六章 滾雪球效應——讓你小錢變大財・147

千萬不要再以自己沒錢做藉口了，小錢也是錢，瞄準那些穩賺不賠的小本投資，掌握滾雪球的秘訣，合理利用種種處理金錢的方法，相信三十歲時，你就能成為一個別人眼中羨慕的有錢人了！

◎滾雪球之前先攢下第一桶金・148
◎給二十幾歲新鮮人的理財建議・151
◎複利投資——日進斗金的秘密・154
◎做「烏龜」別做「兔子」，年年賺錢最重要・155
◎人閒錢不閒，過節早打算・158
◎最簡單的或許最賺錢，小額定存有門道・160
◎找到窮與富的平衡——拯救窮忙生活十大策略・162

第七章 二十幾歲年輕人一定要懂得的理財聖經・167

六千年前，大富商薩魯納達昂首闊步走在古巴比倫繁華的大街上，街道兩旁的小販們眼光中滿是崇敬，女孩們的眼中滿是愛慕……這位巴比倫首富很喜歡這樣的眼光，財富確實是個好東西！

◎讓銅板像羊群一樣繁衍不息・168
◎任何一個富翁都心知肚明的財富秘訣・171
◎二十幾歲，應該如何正確認識金錢・174
◎忠實地守護你的金錢・176
◎治癒貧窮的七大理財妙方・178
◎投資必須需要三「心」二「意」・181
◎坐而思不如起而行
——幸運女神偏愛付諸行動的人・184
◎理財個性化，讓二十幾歲人過上優質生活・187

第八章　天堂還是地獄——投資有風險，富貴險中求·191

有的人投資成功了，賺了大錢，猶如上了天堂；有的人投資失敗了，賠個精光，如同入了地獄。然而不管是天堂還是地獄，我們都要闖一闖！年輕就是資本，誰敢保證你的人生就得平平淡淡？誰能認定你就是一個窮光蛋的命？錢途掌握在自己手裏！勇敢地投資吧！

◎投資有風險，有虧才有賺·192
◎投資要防「自然風險」，更要戰勝人性弱點·195
◎把握房產投資時機，不動產增值「三注意」·197
◎藝術品投資——讓你的投資有品味·200
◎給二十幾歲年輕人的忠告——巧避風險安全投資·203

第九章　車子房子孩子，二十幾歲夾縫中的生存法則·207

現在的年輕人就是在夾縫中生存的一代。面對的是一個接一個的難題，將要承受的是越來越大的壓力。想結婚，有穩定的工作嗎？有房子嗎？有車子嗎？想生孩子，有奶粉錢嗎？等你老了怎麼辦？有養老的錢嗎？生一場大病怎麼辦？不小心出點事故又怎麼辦？

◎車子孩子大房子，一個都不能少·208
◎別讓刷卡奴役了你的錢包·209
◎儲蓄三心得——教你挑戰銀行儲蓄收益之極限·211
◎常勝兵法——「三十六計」助你炒股炒基·213
◎聰明逍遙遊·217
◎搭建「避震所」，化解日常中的「地震」·220
◎「三高一低」環境下的理財心態·224

第十章　二十幾歲，最好的「理財」方式是創業・227

理財的最終目標只有一個——賺錢！那請問你，最好的賺錢方式是什麼？不是黃金，也不是股票，而是開一家屬於你自己的店，當然最好是一家「大店」！開「大店」，賺大錢，這已經不是什麼秘密了！有了屬於自己的公司，成本是你的，賺的錢也全是你的。

◎每個創業者都需要一點「賭性」・228
◎創業是一種實幹，而不是投機・229
◎做深做透的人，往往就是最後的勝利者・230
◎並非人人適合創業——創業與就業的七種不同・231
◎抓住女人的錢包，你就是世界上最有錢的人・235
◎讓窮人掏錢——不怕沒錢，就怕你不會賺・238
◎讓富人掏錢——拔根汗毛比腰都粗・241
◎讓小孩掏錢——小塊頭有大商機・242
◎擁有一個創意的頭腦，勝過擁有一座金礦・244

第十一章　最後的忠告——二十幾歲人這樣投資，三十歲後才能變有錢・249

記住，世界上最好的投資不是投資金錢，而是投資自己！這也是我們最後要告誡所有二十幾歲人的話。投資自己，不僅要投資金錢，更要學會投資人脈，投資健康，投資你的親情和友情！還要牢記：有時候，適當休息也是一種投資！

◎世界上最好的投資是對自己的投資・250
◎人脈投資——三十歲前成為富翁的訣竅・252
◎顧好你的常青樹——對健康投資決不會虧本・255
◎讓你越來越值錢，投資職場最見效・258
◎每天進步一點點——充電是最有保障的投資・261
◎開闢第三產業坐享其利・264
◎大環境不好時，休息也是一種投資・266
◎一定要找到你的優勢，並將優勢最大化・269

第一章

二十幾歲開始理財，三十歲後讓人刮目相看

在這個世界上，沒有什麼比有錢更讓人自信的了！有錢，可以做很多有意義的事；沒錢，心有餘而力不足。到了而立之年，沒錢沒房沒車子，找個老婆都困難！看看那些有錢人，再看看自己，簡直太寒酸了。所以，從二十幾歲開始學習理財吧，到了三十歲的時候讓所有的人刮目相看！

◎二十幾歲的理財觀，決定你的後半生

有人說，二十幾歲開始賺錢了，但是賺的錢沒處花。乍一看，這句話讓人覺得很不可思議。怎麼會沒處花呢？明明是錢不夠花，有很多想買卻捨不得或者根本買不了的東西，不知不覺中就成了「月光族」，甚至有的年輕人工作後還和家裏要錢，成了「啃老族」。

但是和那些走過單身期，開始養家糊口，撫養下一代，贍養父母的人相比較，我們就會發現錢真的沒處花。在實實在在的生活壓力下，才能真切地瞭解什麼叫「錢不夠花」。這樣看來，二十幾歲確實是最沒處花錢的時期，自然而然也就成了開始理財的最佳時期。事實上，理財的最終目的不是理出更多的錢，而是要養成良好的消費習慣和理財意識。

很多美國孩子從小就學習了一定的理財知識，一些富翁更是如此，他們唯恐自

己的孩子無法繼承自己的巨額資產，或者成爲一個浪蕩公子，強迫自己的孩子學習理財知識。效果也是顯著的，大家有目共睹，美國的經濟狀況一目了然。相對來說，許多的亞洲孩子則缺乏這些理財理念的灌輸，直到二十幾歲還是懵懵懂懂，甚至一無所知。實際上，從小樹立正確的理財觀念，培養正確的理財習慣對一個人的成長是非常有幫助的，毫不誇張的說，年輕時的理財觀能決定一個人的後半生。

想想看，如果學了理財方法，就可以節省開支，獲得一部分收益，而不會因爲「預算不足」而不得不購買一些次級商品；如果能在二十幾歲時就能合理配置金錢，那麼到三十歲的時候，人生很可能會有更多的光彩；如果在年輕的時候能夠耐下性子，理性學習一些長輩的理財方案，那麼，以後就可能擁有更多投資「幸福」的本錢。

雖然，發了薪水以後可以任意揮灑，可以留下很多美麗的回憶，但是，人生路漫漫，誰又能保證以後不會出現緊急時刻呢？有錢難買早知道，如果二十幾歲的時候就知道「利滾利、錢生錢」的道理，就不會出現「錢到用時方恨少」的狀況。

二十幾歲的理財觀能夠決定一個人的後半生，這不是危言聳聽，也不是一句空話套話。雖然大多數的年輕人沒有很多財去理，也沒必要去參加理財培訓，但樹立起良好的理財理念，養成良好的理財習慣還是很有必要的。二十幾歲已經不再是那個青春年少懵懂無知的年齡了，應該明白金錢的價值，學會理性地消費，合理地控制金錢，爲以後的人生加油！

沒有正確的理財觀念，就會放任金錢的無辜流失，金錢得不到合理的分配，不能增值，只是死水一潭，靠著可憐巴巴的那點薪水，又怎麼能買房子買車子呢？現在不理財，將來財也不會理你。

二十幾歲是最適合開始理財的時期，不要說你沒錢可理，也不要說你的錢少的無從理起。不管當前財務狀況如何的不堪，及時著手開始理財都不遲。希望每一個年輕人都能夠馬上啓動自己的理財計畫，那你的後半生會精彩，你的人生也將不同凡響！

◎前半生栽樹，後半生乘涼

二十幾歲正是剛剛參加工作的時候，大部分人收入都不多，只夠自己的日常開銷，再加上父母身強力壯，也不需要補貼家用，即使有男女朋友，開銷也不是很大。

這時自然談不上什麼壓力。幾年後，薪水增加了，就該考慮攢點錢，付頭期款買房子了。再過幾年，又會面臨給孩子、老人等更高的生活開銷。

再奮鬥一段時間，賺的錢越來越多，也許可以稱得上事業有成了。但是對生活的追求也會變得水漲船高——房子要大要舒適，車子要好要高級，孩子要上更好的學校，要旅遊要度假……很多大城市裏的白領，都是沿著這樣一條路走下去的。看起來生活品質很高，但是這並不代表他們就能加入富人的行列。開銷越大，對工作的依賴性也就越強，一旦離開了工作，就會手停口停，恢復窮人的本色，同時，較高的生活標準也會成爲沉重的負擔。所以許多人看起來很有錢，但是根本談不上是真正的富人。

造成這種局面的原因又是什麼呢？這正是理財觀念的問題。科學的理財觀念認爲，靠高收入和攢錢來實現富裕的思路完全是錯誤的。不能得到正確的理財觀念，就不能得到真正的最終的財務自由。

那麼，究竟怎樣的理財觀念才是正確的呢？怎樣的科學理財觀念才能做到以財生財呢？怎樣才能做到真正的一生無憂呢？

俗語有云：前人栽樹，後人乘涼。具體到每一個人來說，這句話也很有道理，可以延伸爲「前半生栽樹，後半生乘涼」。

大多數中國人都有這樣一個心理，尤其是在城市裏生活的有頭有臉的人，功成名就之後，「退隱江湖」就成爲這些人心中化不開的情結和憂愁。於是，我們經常聽到這樣的話，「等我有了X萬的積蓄，我就退休了」，「等給孩子買好房子，我就不幹了」……如此這般的感慨和豪言壯語時常充斥在我們的工作和生活中。

那麼，要想輕鬆地退休，首先，要進行資本的原始積累。

也就是說，不去栽樹是沒有蔭涼可乘的。有了資本的原始積累，就要通過投資去獲得穩定的現金收益。只有以穩定的現金流爲目的進行的投資，才能讓人們在投資領域擁有持續的賺錢能力，才能規避投機行爲所帶來的風險。有了穩定收益，又能及時地躲避風險，才能安心地乘涼。

窮人和富人表面上的差別是誰錢多誰錢少，但本質上的差別是對待理財的態度。二十幾歲理財就是在栽樹，樹長好了，三十歲以後才能優哉遊哉地躺在大樹下乘涼；沒有一棵大樹，淒風苦雨撲面而來，哪裡來的舒適生活?!

◎財富給人無限自信，三十歲後一定要有錢

三十歲以後一定要成爲一個有錢人，需要理由嗎？不需要嗎？那就先給你一個理由！

三十歲以後不能說什麼年少輕狂了，不能說什麼青春洋溢了，三十歲以後已經沒有任何時間可以去浪費了！三十歲以後沒有了剛剛步入社會的艱澀難挨，也沒有了衝動和莽撞，也不會再爲了所謂的理想去辭職，爲了飯碗，不得不忍受上司和同事的惡氣。

三十歲以後，必須成爲一個有錢人，經濟上不獨立，必定受他人牽制，儘管這個人可能就是你的父母。這個世界就是建立在物質基礎上的，沒有錢，怎麼可能做到無憂無慮呢？金錢是一個人安全感的最大來源，有了錢才不會看別人的臉色行事，拿人家的手軟，被侮辱，甚至謾罵都有可能，失去了人格和尊嚴的人生，又談何精彩呢？

因爲沒有錢，命運就不能掌握在自己的手裏；因爲沒有錢，眼睜睜地看著自己喜歡的東西被別人奪走；因爲沒有錢，只好做自己不喜歡的事，糊口度日，像生活在一個牢籠裏一樣，生活到處是一片灰暗！

財富能給人無限的自信，一個人可以不會打球、不會作詩、不會彈琴、不會做飯，可以什麼都不會，但是必須會賺錢。在這個世界上，沒有什麼比錢包鼓鼓的更讓人放心和自信了。沒有錢就挺不直腰桿，更何談自信呢？

二十幾歲一定要學會理財，盡自己最大的努力去賺錢。金錢能給人無窮的動力，金錢就是所有的行動的理由，必須成爲一個有錢人，這是沒有理由的，因爲這是必須的！我們每個人都必須讓自己有錢，有了錢才能展開自己的事業，有了錢才能實現自己的理想，有了錢才能擁有完美的婚姻，有了錢才能有一個盡孝的心，有了錢才敢出去和朋友喝酒，有了錢才能揚眉吐氣地光耀門楣，有了錢的人生才是精彩的人生！

◎馬太效應——貧者越貧，富者越富

在《聖經》中有這樣一句話：「凡是有的，還要給他，使他富足；但凡沒有的，連他所有的，也要奪去。」也就是說，貧者越貧，富者越富。一步領先，步步領先。上世紀六〇年代，著名社會學家羅伯特・莫頓歸納「馬太效應」爲「貧者越貧、富者越富」。

這種「馬太效應」在社會中無處不在。例如，在日常生活中，那些朋友多的人就會借助這些頻繁的交際交到更多的朋友，而缺少朋友的人則往往一直孤獨；對於那些有名氣的人，由於經常出現在公眾場合，所以會更加的出名；那些本身就漂亮的人，往往能吸引更多人的目光，所以會更加注意自己的裝束，從而變得更加漂亮。

在金錢也是如此，如果你的本錢比別人多十倍，那麼在投資回報率相同的情況下，其收益也比別人多十倍。從二十幾歲起學會理財，儘早地建立自己的理財方案，掌握馬太效應的規律，早發財，早成功，三十歲以後的生活才會越來越滋潤。

正如馬太效應所述，一個人只有學會正確的理財觀念，利用手中的錢進行適合自己的投資，只有這樣才可以達到「錢生錢」的目的，使你過上無憂無慮的富裕生活，並逐漸走向發家致富的道路。

◎窮人不僅缺錢，更缺理財的頭腦

理財不僅僅是一種手段，更是一種思想。如果你想成為一個富人，就必須改變你的思路。窮人不僅缺錢，更缺理財的頭腦。每一個白手發家的人都是從一無所有走過來的，投資也是這樣，剛開始收入雖然有限，但從以財生財的觀念來看，必然會為未來獲取更大收益打下堅實的基礎。

在現實生活中，有很多人總是希望攢一大筆錢後，來做一筆大生意，然後發一大筆財。因為他們認為，只有大筆投入才能賺大錢，但往往事與願違，大多數以失敗而

告終。究其原因，是不成熟的動機和思維方式，也就是理財觀念的問題。

反過來看，僅靠自己的本事，就會逐漸富有起來嗎？事實證明，職業帶來的財富微乎其微。錢不是攢下來的，是賺出來的！很多人面對投資，總認爲有風險，總是念叨著誰又虧了，誰又血本無歸了。然後把錢存在銀行，成爲富人的踏腳石。殊不知，不經意地失去了逐漸成爲一個富人的機會，只能成爲一個辛苦賺錢的工具，而非自由自在地享受生活的人。

窮人沒錢，富人有錢，窮人少什麼？富人多什麼？窮人少的不僅僅是錢，更缺乏一個理財和賺錢的頭腦！

大多數窮人的朋友都是窮人，在一起吃飯喝酒的時候感覺很開心，聊一些無聊的主題，開玩笑談女人，除了開心地吃了一頓飯或者增加友情，可以說毫無意義。富人在一起的時候也聊天，也談無聊的話題，但是他們關注的是從這些話題中捕捉對自己生意或投資有用的東西。因爲他們知道，在這裏聊天，不能浪費自己的時間，因爲時間就是金錢。要想富有，就必須向富人學習。只有先去學習，你才會得到他們致富的經驗。

但是富人可不是那麼好接觸的，因爲富人的時間總是不夠用。整天無所事事，喊著無聊有聊的人絕對不是什麼有錢人。即使有，也離破產不遠了。要學習理財，最好充分利用你的時間。

有一個窮人非常羨慕隔壁富人舒適和愜意的生活，於是他對富人說：「我願意在您的家裏幹三年活，不要一分錢。只要吃飽飯，有地方睡覺就行。」「原來還有這樣的好事。」富人想都沒想就答應了窮人的請求。三年後，窮人離開了富人的家，不知去向。

十年之後，昔日的窮人變成了大富翁，而以前的富人家道中落，相比之下顯得寒酸。於是富人對昔日的窮人說：「我願意出十萬塊錢買你致富的經驗。」昔日的窮人哈哈大笑：「過去我是用從你那裏學到的經驗賺錢，而今你又用金錢買我的經驗呀。」

昔日的窮人用三年的時間學到了富人的經驗，獲取了比原先富人還要多很多的財富。所以說，財富是靠頭腦來賺取的。猶太人曾說，你的價值就是腦袋而不是手。整個世界百分之六十的財富握在他們手裏，依靠的是就是腦袋，而不僅僅是手。他們總是想辦法製作一套完整的合理的商業計畫，剩下的事情就讓別人去擺弄，自己等著收錢就好了。

「鈔票有的是，遺憾的是你的口袋太小了。如果你的思維足夠開闊，那你的錢包就會隨之增大。」希望這句話能給所有的窮人一點啓示，理財的頭腦比金錢更重要！

◎大部分的人空有賺錢能力，卻缺乏理財功力

會賺錢的人就一定會理財嗎？是不是所有的富人都是理財高手呢？白手起家者大多都有極佳的理財能力，在創業的前期小心謹慎減少成本規避風險，理財功夫做得也很不錯。但是又有多少富人能夠一如既往保持呢？富不過三代的說法不也證明了這一點嗎？得天下者不一定能坐天下，掌控財富者不一定能駕馭財富！

賺錢是一種能力，那麼理財是什麼呢？理財是一種手段，如何利用錢的手段。相對來說，大多數人都應該把焦點放在理財計畫上。通過正確的理財計畫，來幫助自己達到賺錢的目的。在消費的時候更要注意幾個方面：

*分清楚「想要」和「需要」

消費的第一守則應該是要建立於「需要」上，行有餘力才能「想要」。但很多人不能體會到這一點，被想要的東西搞得暈頭轉向，最後被物品俘虜，造成了金錢的浪費和閒置。A是一個白領，工作能力很強，但是薪水族畢竟有限，但他喜歡到國外旅行，並且喜歡買名牌。有的時候，刷完信用卡後就發現透支了，可還有半個月才發薪水，眼看要斷糧了。只好把他的寶貝名牌拿出來拍賣，雖然自己忍痛割愛，依然無人問津。分清「想要」和「需要」，你會省下你想像不到的金錢。

＊「買」的時候就要想到「賣」

想要省錢做大事，就要有物超所值的觀念，或者懂得什麼叫物有所值。很多人在買東西只在意當時的感受，卻忽略了物品本身的價值，比如，花一千元買一隻表，但是當這隻表屬於你的時候，它就已經不值一千塊錢了。

而有的人買東西的時候懂得考慮未來的價值。比如，同樣花一千元買一個古董傢俱，經過自己再加潤色，東西越古老越值錢，將來它的價值可能早已超過一千元。

如果在「買」的時候就想到物品「賣」的價值，那麼消費的時候就會小心很多。

＊努力貫徹環保概念

環保概念的意思是讓幾乎所有的資源都可以再利用、更具個性化。在消費的時

候就應該明確自己還有什麼可運用的物品，將其分門別類，不用的東西也不要隨便丟棄，試著可以改裝或上網拍賣，捐獻給需要的人也是一個很好的方法。賺錢不容易，一定要懂得如何節省。

會賺錢也要會理財，不會理財，金錢也會離你越來越遠。合理的理財計畫不僅可以讓你避免成爲「月光族」、「負翁」，甚至可以爲你開闢出另一條生財之道。那麼，如何培養個人的理財功力呢？注意一下這幾個環節，相信會增強你的理財「功力」：

一、估算資金儲備。從現在起，看看你爲實現新的發展目標籌備了多少資金，還需要多少。在盡力彌補這個差額的同時，而且還要注意生活中隨時出現的意外情況。投資的時候更要注意自己能得到的回報率。人們往往過於樂觀，認爲投資的回報率不會太少。專家的建議是：不要將債券的回報率定在百分之五以上，股票的回報率不要定在百分之八以上。

二、必要的儲蓄。幹什麼都需要成本，一定額度的儲蓄是必需的。比如想創業者，就應該盡最大可能存錢，並將之投入到創業計畫當中。

三、為消費做計畫。在一年的結束或開始，應該規劃一下新的一年的主要消費，比如，裝修房子還是買汽車。有了這樣的計畫，就應該開始存錢了，不合理的理財計畫只會導致既定目標的取消或者債臺高築。

四、整合保險。每年都應該考慮投保的險種合適與否，比如，今年身體不太好，就需要投更多的壽險。各種情況都要考慮到，定期整合投保品種還是很有必要的。

五、做最壞的打算。如果有幾個月拿不到工資，怎麼來支付生活費用？如果股市處於長期低點狀態，又不想被迫拋售股票，應該怎麼辦？擬定一個應急計畫，防範萬一。

◎財神不理財，最終會慘變債神

財神歷來是最受國人歡迎的神仙之一。在民間傳說中，財神就是財富的象徵，每逢新年，家家戶戶懸掛財神像，以求財神保佑。求財納福的心理與追求，充分體現了金錢的重要性。賺錢很重要，但是沒有合理的理財計畫，財神照樣會變債神。

金牌主持人艾德·麥克馬洪在八十五歲的時候宣告破產了，也許你會說，這個世

界每天都在發生這樣的事，有什麼大不了的？如果我們來瞭解一下麥克馬洪這個人，你就會覺得他的破產非常值得人深思。

艾德・麥克馬洪是馳騁美國電視界半個多世紀的「常青樹」，是一次次捧著特大號百萬美元支票幸運中獎的「財神爺」，在上世紀九〇年代，他的身價高達兩億美元。這樣一位名副其實的「財神爺」在八十五歲高齡的時候卻「意外」地破產了。在中國人眼裏，這個年紀正是頤養天年的時候，而麥克馬洪卻在爲生計發愁。是什麼原因使這位鼎鼎大名的財神爺也「不幸」破產了呢？

據悉，麥克馬洪最大的失誤就在於他沒有理財觀念，更談不上理財計畫。他從十七歲賺錢開始，到財務危機來臨之前，一直相信自己賺錢的本事，認爲「千金散盡還復來」，花錢如流水。他的夫人說他從不看帳單。一個不看帳單的人，又怎麼能建立自己的理財計畫呢？「賺錢多，花錢更多」使他一步步邁入蕩盡家產、負債累累的窘困境地，財神不理財，最終慘變債神。

兩億美元對大多數人來說是一個天文數字，相信很多人會說，我幾輩子也花不完，怎麼會破產呢，就算存進銀行裏，吃利息也夠奢侈的了。當你擁有兩億美元、站在那個高度的時候，也許你就不會這樣認爲了。

不管你信不信，事實就擺在那裏。越來越多的人認識到了投資理財的重要性，沒有一個正確的理財計畫很容易出現你所擔心的狀況，不賺錢反倒賠錢。就算是財神，不理財，也會變債神，更何況是我們普通人呢？

理財計畫的制訂應該參照自己的經濟狀況，合理安排你的支出，比如教育投資、家庭消費等，剩餘的錢用來儲蓄還是購買基金還是炒股，當前大市場情況等都應詳細考慮周詳。

「你不理財，財不理你」，不管處於什麼樣的人生狀況，一個人對自身的財富未來都要有一個合理的規劃！

◎六個習慣讓你理財成功一半

常常聽人說這樣一句話：我對數字不敏感，天生就不是理財的料。這些話都是藉口，理財問題與每個人的生活都是休戚相關的。「理財」不是個人興趣的選擇，也不是天生具有的能力，和你所學的專業也沒有連帶關係。

事實上，任何能力的獲得都不是天生就有的，學習和經驗才是重點。理財能力也是如此，不學習永遠也不會。相對那些金融專業、從事商業的人也許較有「理財意識」，但金錢問題是每個人都無法回避的，每個人都不能推卸理財責任。

經濟高速發展，「理財時代」悄然來臨，理財已經邁出了專業領域的門檻，深入到每一個人的生活學習工作當中。人生是需要規劃的，理財已不能再局限於保障生活的安逸，而是爲了滿足更高的物質和精神追求。

這個時候，你還認爲理財是「有錢人玩的金錢遊戲」，與自己沒有任何關係的話，那就證明你已經落伍了！一旦被迫面臨重大的財務問題，不是任人宰割就是自歎沒有金錢處理能力。要想改變這種情況，必須養成良好的理財習慣。

習慣一：記錄財務情況

做好準備工作才能防範於未然，如果沒有持續的、條理性的、準確的記錄，理財計畫是不可能實現的。因此，詳細記錄自己的收支狀況是十分必要的。一份好的記錄可以：

1. 衡量所處的經濟地位——制訂一份合理的理財計畫的基礎。
2. 有效改變現在的理財行爲。

3. 衡量接近目標所取得的進步。

最好建立一個檔案，詳細列出自己的收入情況、淨資產、開銷以及負債。

習慣二：明確價值觀和經濟目標

明確了自己的價值觀，才可以確立自己的經濟目標。沒有明確、真實、可行的目標和方向，就無法做出正確的預算。不能約束自己，就不能達到你所期望的長遠目標。

習慣三：確定淨資產

做好了經濟記錄，淨資產也就很清楚了。爲什麼一定要算出淨資產呢？因爲清楚每年的淨資產，就能掌握自己又朝目標前進了多少。——這也是大多數理財專家計算財富的方式。

習慣四：瞭解收入及開銷

很多年輕人不知道自己的錢是怎麼花掉的，甚至不清楚自己每個月的開銷在哪裡。瞭解了這些基本資訊，才能制定預算，合理安排消費。什麼地方該花錢，什麼地

方不該花錢，自己心裏一定要有個數。

習慣五：制定預算，並參照實施

財富不是說你能賺多少，而是說還剩多少。制定預算似乎很煩瑣，甚至有些做作，但是通過預算是非常重要的，有了預算才能在日常花費的點滴中發現大筆款項的去向。一份具體的預算，對我們實現理財目標十分有幫助。

習慣六：削減開銷

二十幾歲的時候，一般人都會說，我沒有那麼多錢去投資，怎麼能實現自己的經濟目標呢。其實實現目標並不是都要靠大筆的投入才能實現的。即使很小數目的投資，也可能會帶來不小的財富，舉個例子：從廿四歲時開始投資，在銀行每個月多存一千元，投資時間越長，複利的作用就越明顯。所以開始得越早，存得越多，利潤增長得也就越快。

好的開始，是成功的一半。這六個理財習慣，可以幫助我們更好地開始自己的理財生活。

◎二十幾歲學理財，三十歲後變富不是很難的事

每個人都想變成一個有錢人，這個世界上不喜歡錢的沒有幾個，尤其是二十幾歲的年輕人。其實這個年齡是最需要錢的時候，吃喝玩樂不說，要穿名牌衣服，要聯繫朋友，要結婚，要買鑽戒，要買房子，要養孩子，要贍養老人，到處都是錢的影子。就算你不需要這些，那想在職進修呢？出國深造呢？想充電都沒錢，是不是感覺很憋屈？

二十幾歲的人大多數都沒什麼錢，沒錢更需要理財，想在三十歲以後成為一個有錢人，學會理財就更為關鍵了。想成為有錢人，必須具備強烈的致富欲望和合理的理財計畫，賺錢其實並不難。

也許你會認為這簡直是廢話，其實，這是一個理財觀念的問題，想成為有錢人，首先要像有錢人那樣去思考，有錢人的思維方式是其成功的重要因素。他們獨特的理

財意識是值得我們借鑒的，其中最大的奧秘在於有錢人考慮的，不是如何將他們自己經營的公司或產業進行投資，而是怎樣賣掉這些產業膨脹財富，這才是許多富翁得以脫穎而出的全部秘密。

有這樣一句話是這樣說的：「工資只能使你安全地生活，如果要想真正成爲富翁，就必須把自己投入到變幻莫測的市場中去。」當然，要成爲一個富人並不是一件容易的事，這就需要我們從觀念、態度、行爲上加以學習和改進。從窮人變成有錢人這一過程需要具備很多特別的要素，這些特別的要素就是所謂的財富基因，不然你永遠只能在原地打轉。

如果要想成爲有錢人，就要從思維方式、行爲方式、理財觀念，朝著有錢人的方向盡力地靠近。經常與成功人士打交道，多多交流，領悟他們的理財觀念和理財意識。再根據自己的資源和優劣勢，分析自己在社會上的位置；適合從事的行業；選擇投資的方式等。

當然，不管怎麼說，理財觀念和理財技巧都是最主要的因素，那些依靠打工賺錢，只懂把錢存進銀行的人，永遠也不會成爲有錢人！

二十幾歲的年輕人，不要再眼紅別人的名車別墅了，做一個實幹家要遠遠強於幻想家，利用你手中的資本、掌握的人脈，從現在開始理財，一步一步按照自己的財富規劃勇敢地走下去，慢慢你就會發現，變成有錢人，其實並不是很難！

第二章

不窮不富的二十幾歲人更需要理財

有人說：理財理財，沒錢理什麼？每月發的那點死薪水還不夠一件衣服錢呢？錯！正因為沒錢才要理！這個年齡，大家都在為了事業而奮鬥，上班賺錢不容易，不會理財往往就變成了「月光族」。其實，薪水低照樣能理財。把你的錢養起來，堵住財富流失的黑洞，相信你很快就能擺脫窮困的現狀！

◎二十幾歲學理財，下一個富翁就是你

二十幾歲，是一個熱血澎湃的年齡，也是一個爲了事業和金錢奮力拼搏的時期。二十幾歲是創造財富的開始，更是積累財富的最佳時期。剛剛離開校門，面對這個充滿了欲望的物質社會，沒有奮鬥的意識恐怕連生存都很困難，不去努力賺錢，只能被這個社會所淘汰。

不要說，你的父母有錢，也不要說你嫁個好老公就行，更不要口口聲聲說自己是有錢人。你不是有錢人，你只是一個幫助花錢的人，只有自己賺的錢才是真正的錢。二十幾歲的年輕人，只有靠自己，只能靠自己的知識和汗水打造成功的基石。

據相關報導，二十幾歲到三十歲之間是一個人一生中創新思維最活躍，精力最充沛，大腦最好用的年齡。這也是走向財富之路的最佳年齡，因爲這一時期對理想和金錢有著最爲濃厚的興趣和欲望。

搜狐的CEO張朝陽、微軟的比爾・蓋茲、「股神」巴菲特，他們都是在二十幾歲的時候成爲了有錢人。這些富豪們都是在二十幾歲的時候就開始打拼，並在三十歲左右創造了自己的事業，擁有了巨額財富。

在電腦行業卓有成就的戴爾，在他十六歲的時候，就從事了自己一生中的第一份工作，開始爲一家報社賣報紙。在賣報紙過程中，他並不像其他的推銷員，只是一味地工作，而是在工作的過程中不斷地尋找方法，並提升自己的能力，經過一年時間的積累，他擁有了一萬八千美元的資金積累。這不僅讓他學會了很多的銷售經驗和技巧，更重要的是爲他日後的創業生涯積累了至關重要的第一桶金。

讀大學期間，戴爾不僅用自己的錢買了自己最喜歡的電腦，而且靠這筆資金在學校做起了電腦生意。一九八四年，還沒有大學畢業的戴爾決定退學，專心經營自己的電腦生意，並創建了戴爾電腦公司。當他應該大學畢業的那年，他公司的年營業額已經達到七千萬美元，成爲有錢的年輕人，而和他一起進入大學的同學仍在爲找到一份適合的工作忙碌。

二十幾歲的時光不能錯過，超過三十歲之後，很多的事情已經來不及了。所以要想成爲有錢人，就應該趕在這段時間奮鬥。不要認爲自己還年輕，還擁有大把的青春任你揮霍，眼看就要三十歲了，在有錢人越來越年輕化的今天，創造財富的機遇轉瞬即逝。

所以我們應該珍惜這一生只能年輕一次的寶貴時間，樹立理財觀念，掌握一定的理財技巧，擁有一定的財富積累，爲以後成爲真正的有錢人邁出最重要的一步。

每個人都應該爲自己的人生負責，爲自己的家人負責，更要爲自己的金錢負責。金錢是生命中最値得擁有的利器，沒有這把利器，你的人生之路必定坎坎坷坷！

財富是一個人自信的源泉，一個落魄窮困的人是沒有資格談尊嚴和自信的，自然也不會是一個成功的人。這個世界上只有不會賺錢的人，沒有賺不了的錢。財富就像灑滿大地的青草，富人能做的其實就是多抓一把，而窮人只能抓住一根，還把這根草當做救命的希望。

二十幾歲是屬於年輕人的黃金歲月，你現在不奮鬥，還等什麼時候去奮鬥，現在不賺錢，那什麼時候去賺錢，年輕人就應該勇敢地爲自己拼一把！三十歲以後，貧窮都是自找的，沒有永遠的窮人，也沒有永遠的富人。從現在開始，學習理財，掌握財富的規律，下一個富人就是你！

◎徘徊在「月光族」邊緣的二十幾歲人如何理財

二十幾歲的年輕人，大部分都有大手大腳花錢的毛病，往往沒到月底就花光了，幾乎不會有什麼剩餘。看起來特別的「瀟灑」，一副有錢人的樣子。實際上，這樣的消費理念既不利於個人事業的發展，也不利於今後家庭生活的美滿。徘徊在「月光族」邊緣的年輕人，怎麼才能攢下錢，理好財呢?下面這些方法也許能夠幫助你擺脫「月光」，建立良好的理財觀念。

＊自我克制，計畫開支

發了薪水，先別急著買衣服，和朋友吃飯，先看看怎麼安排才合適。

年輕人大都喜歡逛街購物，便很難控制自己的消費欲望。要學會克制自己的購物衝動，提前做好購買物品的計畫，計算好大概的花費，不要多帶錢，也不要隨意使用信用卡。對不實用或暫時用不上的東西敬而遠之，連看都不要看。

要對每月的薪水計畫一下，哪些地方必須支出，哪些地方可以節省，按照三分之一薪水理財法，固定地把每個月工資的三分之一納入個人儲蓄計畫，最好辦理零存整付業務。雖然錢不是很多，但從長遠來算，幾年下來也有一筆不小的資金。

這些攢下來的錢可以添置一些大件物品，如電腦等，也可以作爲「充電」學習的支出。不妨試著給自己做一份「個人財務明細表」，看看超支的部分是否合理，以便隨時作出調整。

＊嘗試投資，投資是賺錢好方法

只會花錢還不行，還要試著去賺錢。也就是說，消費的同時，也要樹立良好的投資意識。投資是增值的最佳途徑，想讓錢生錢，不妨根據個人的具體情況做一些合理的投資計畫。這樣的資金投入，還能幫助你改變大手大腳的消費習慣。當然，剛開始經驗不足，可以進行小額投資，以降低投資風險。

＊交友需謹慎，小心被拖垮

二十幾歲的時候，不管是工作還是社交，經驗多，朋友多，才好辦事。所以，

社交在很大程度上也會影響消費。交朋友的時候更要注意多交一些有良好消費習慣的朋友，不要交花錢大手大腳、胡亂消費、好面子的朋友。不顧自己的收入和消費能力去盲目地攀比，只會導致「財政赤字」。和朋友交往時，不要爲了面子一味樹立「大方」的形象，在請客吃飯或者娛樂活動中搶著買單，最好的方式是大家輪流付錢，或者實行各自分攤制。

另外，在朋友有困難的時候，能幫則幫，但要考慮好自己的經濟情況，小心被拖垮。

＊提高購物技巧

買東西的時候要學會購物技巧，學會討價還價，貨比三家，儘量以最低的價格買到所需物品。這可不是「小氣」，而是一種成熟的消費經驗。適時注意一下換季，這是個不錯的購物良機，很多商家都有打折優惠活動。但是要注意別貪圖便宜亂買，要選購大方、易搭配的服裝，造成閒置就不好了。

＊少參加抽獎活動

有很多年輕人總想著一夜暴富，對那些有獎促銷、彩券、抽獎等活動情有獨鍾，殊不知這些活動最容易刺激人的僥倖心理，令人難以控制自己的花錢欲望。

＊務實戀愛

在青春期，戀愛也是一筆不小的開支。熱戀中的男女總想以鮮花、禮物或者到一些充滿浪漫氣氛的餐廳進一步穩固情感，尤其是男孩子，在女朋友面前很愛面子，「打腫臉充胖子」的情況也經常出現。

有的人還認爲，錢花得越多越能代表對戀人的感情，對戀人好，就應該把錢都給他花。把戀情建立在金錢的基礎上，時間久了，不但讓自己經濟緊張，也會令對方感到無形的壓力，影響對感情的判斷。假如分手，雖然沒有太多經濟方面的糾葛，但也會使花錢多的一方蒙受一些損失。

還有，花錢過於大手大腳，也會給對方或者對方父母留下不踏實、不會過日子的印象，產生一些負面效應。只要真心，一朵玫瑰並不比一串金鏈子代表的愛意淡薄。

＊不貪圖玩樂

年輕人愛玩很正常，適當的放鬆也是必要的，但一定要掌握好分寸，更不能在麻將桌上、酒桌上、夜店裏虛度時光。花費金錢不說，還會喪失志向。應該培養和發掘自己的特長、愛好，努力工作，多多積累賺錢的能力與資本。肩上的責任會越來越重，「月光族」們以後還能月光嗎？沒有一個合適的理財計畫，怎麼面對以後的人生之路，沒有錢就沒有一切，何談什麼理想、人生呢？「月光族」們別再把錢花光了，不理財就沒有財！

◎把錢養起來——薪水低照樣能理財

二十幾歲，大多畢業時間不長，初涉職場，首要問題就是處理財務收支。在參加工作伊始就形成良好的理財觀念和理財習慣，對以後的工作和生活是非常重要的。很多畢業不長時間的年輕人都是典型的「月光族」，別人害怕成爲「房奴」、「車奴」，自己想當都沒有機會，想繼續深造求學或者籌備結婚更是無望。

從當前的經濟形勢來看，現今的薪資成長幅度是趕不上物價飛漲速度的，靠薪水致富幾乎是不可能的！大多數人的薪水並不是很高，也許很多人會說，每個月就那麼點錢，怎麼理？可是同樣領薪水過日子，有人成爲窮上班族，有人成爲富上班族，拋開能力學歷等客觀因素，理財方式所占的比例也是相當大的。靠薪水真的能致富嗎？低薪者理財有什麼方法嗎？

＊薪水致富步驟一——進職場先買保險

薪水不漲，物價卻在漲，讓薪水族備感壓力。拿著可憐巴巴的薪水想致富似乎很不現實，但也不是不可能，只要肯用腦筋，精於理財，致富的目標也是可以實現的。

第一步先買保險。沒錢還要買保險？正因爲沒錢才要買保險，趁著年輕買保險，不但保費便宜，而且遇到突發事件也能起到很好的保障作用。一般上班族按照「保險雙十定律」做規劃就可以了，即保險額度爲家庭年收入的十倍最恰當，總保費支出爲年收入的百分之十最適宜。最好選擇一些花小錢就可以購得的高保障險種，例如定期壽險或是多功能保險（如投資型保單）。

小魏在一家物流公司上班，每個月的薪水大約有兩萬五千元，也是一個「月光族」，有時還向家裏要錢。不久前，父親因癌症不幸去世，家裏一下子頓失支柱。小魏傷心之餘，開始對自己的理財重視起來，於是在母親的建議下買了醫療險和定期壽險。遇到緊急情況，手裏拿不出錢怎麼辦，有了保險是不是有些保障呢。

保險是二十幾歲就該考慮的問題，年輕時候保險，所繳納的費用要比年齡大時低得多，受益期限更長，能為今後生活和創業打下一定的經濟基礎。

＊薪水致富步驟二——不作無謂消費

買了保險之後，接下來最重要的是學會開支。一定要清楚自己所有的開支狀況，看看把錢花在了什麼地方，瞭解有哪些消費是可以省下來的。把錢花在需要的地方，不作無謂的消費。

如果能有一個理財記錄更好，把這些消費記錄下來，每隔一段時間重新檢視一下，瞭解一段時間內的收入和支出，也許你就會發現，有些錢根本是沒必要花的。有些東西，買了好久卻沒用武之地，閒置在家，造成了資源的浪費。一旦發現這種情形，重點標明，提醒自己以後不要再犯。

理財很重要的一點是要學會量入為出，把錢節省下來，儘早將投資納入理財規劃。

＊薪水致富步驟三——三分之一薪水理財法

有效控制支出，不做無謂的消費，那剩下的錢又該如何支配呢？

例如一個薪水三萬元的上班族，可以把三分之一，即一萬元作爲投資和保險支出；三分之一作爲房租支出；另外的三分之一才是生活開銷。

用三分之一的薪水過日子，對很多年輕人來說，可能覺得很困難，尤其是「月光一族」不能更好地控制自己的消費欲望，這時可以在購物前列好清單，照著清單買，就不會超支。

年輕人不要悲觀，現在能拿三千，將來就可以拿三萬，把每個月省下來的薪水，做好理財規劃，你也可以鹹魚大翻身，成爲百萬身價的上班族。遵循「三分之一」原則，隨著經驗的累積和職位的升遷，你能省下更多的薪水，做好適度的投資，只要有恆心，薪水致富絕非遙不可及！

◎不向家裏要錢就算進步？——職場新人理財法則

二十幾歲剛剛工作不久，從拿到第一份薪水開始，你要面對的是租房子、吃飯、交通費、手機費、與同學聚會，剩下那點錢，可能連一件新衣服都買不了，往往熬不到月底就沒錢了。對於職場新人來說，理財就成爲很重要的一個問題，能否從工作開始就培養起良好的理財觀念和習慣，將關係到此後幾十年的工作生涯和人生路程。

＊不跟家裏要錢就進步了？不夠！

初涉職場的新人，社會角色可能還沒有完全轉換過來。不向家裏要錢是不是就算進步呢？當然是遠遠不夠的！萬一沒有突發的意外情況還說的過去，如果出現意外情況，沒有資金實力解決問題，最後還得跟家裏要錢。

所以，一定要控制自己的消費，最好制訂一個儲蓄計畫，把每個月的閒置資金進行基金投資，爲以後的發展儲備資金。另外，還可以購買適度的意外及重大疾病人壽保險，保障意外情況下自己的生活能夠穩定持續。

＊沒有財務規劃？不行！

財富增長的另一要訣，是對資金的使用有良好的規劃和管理。職場新人在打理財務的時候，應該在不同時期爲自己樹立不同的財務目標，定期回顧財務狀況和實施情況，可以追蹤和改善資金的使用方式，進而也能提高管理財富的能力。

＊光知道存錢？不划算！

財富的第一步是積累，對於年輕人來說，儲蓄是非常有必要的，但只知道存錢並不是很划算。剛剛參加工作，收入不是很多，但聚沙成塔，除了儲蓄和正常開銷，可以每月留出一部分用做基金定投等長期投資。

光知道存錢的做法是不可取的，良好理財觀的養成，還需要合理的投資觀。其實，投資並不需要多大的啓動資金，但投資的心態一定要好。別想一夜暴富，也別耐不住性子。

對剛步入職場的新人們來說，理財就應該從第一份薪水開始。學著控制個人的收支平衡，進行合理的投資，瞭解並學習理財的相關知識，相信每個職場新人都能變成理財達人！

◎兼顧收入與發展——職場新人理財巧選擇

二十幾歲走出校園的時候，面對的是一個激烈競爭、膨脹變革的社會。充電、深造、創業、結婚還是買房，這些問題一個接一個擺在面前，你的奮鬥目標又是什麼？「凡事預則立，不預則廢」，沒有一個良好的理財規劃，又何來成功理財呢？這個理財規劃的制訂不僅要獲取收益而且要兼顧發展。在知識更新越來越快的年代，自己不進步，只能被遠遠地拋開。做任何事情都需要成本，想發展，沒有錢是絕對不可能，所以，學會理財對年輕人有著至關重要的作用！那又如何兼顧收入與發展呢？

首先，要認清客觀形勢。一方面測算一下實現自己的目標大致需要多少錢，每個月能賺多少錢；另一方面要根據自己的收入水準和開支情況，確定一下每個月需要存多少錢，算算預定目標和現實二者存在的差距。還要注意緊急情況的發生，對規劃進行必要的調整。

接下來要做的是保持財務的健康狀態，想兼顧收入和發展，每一分錢都要照顧到。在無法「開源」的條件下，只好想盡一切辦法去「節流」。在工作和生活中，無法避免地要參與一些聚會和活動，但要謹記——不必要的應酬一概不去！上下班坐大眾通輸系統，沒有特殊情況絕對不坐計程車！手機費率選最適合自己的方案；租房子可以和朋友合租等等。每月收到薪資後，按照理財規劃，第一時間把該存的錢存進銀行，堅持完成自己的儲蓄目標。這些錢都是爲了將來的發展做出的儲備，不到萬一絕不能用！

最後針對收入來說，二十幾歲的職場新人最大的優勢是年輕，投資時限長，風險承受能力相對較高。所以，不妨將每月節餘的錢投向預期收益較高的證券品種，如果這些投資長期能取得年均百分之十以上的收益率，完全可以實現增值。目前市場的形勢適合長期投資，職場新人可以選擇優質股票分批買入，或通過定期定額購買基金，長期堅持，相信會有意想不到的收穫。

解決了收入的問題，才能談得上規劃未來的發展，對二十幾歲的職場新人來說，職業規劃和發展才是理財最核心的地方。將來的路是由自己把握的，把握未來，先學會把握財富，一個不會理財的人，處處捉襟見肘，何來發展呢？

還有一點需要注意的，二十幾歲的年輕人大多給別人打工，職業收入是理財的穩定源泉。想看得遠，就要站得穩。所以在工作的時候不能總幻想著將來怎麼樣，一定要踏踏實實，敬業進取，努力工作，這也是職場新人要始終堅守的理財攻略。

◎規劃未來生活——未婚男女怎麼理財

相信很多想結婚的二十幾歲的年輕人都遇到過這個問題，未婚男女究竟該怎麼理財才合適呢？未來的美好生活是需要合理規劃的，理財方案的重要性也就不言而喻了。

既然雙方情投意合，想要結婚，不妨共同理財。分別理財的好處就是在婚後財產上產權明晰，爲了將來的美好生活，兩人都要盡自己的最大努力，共同理財能最大化滿足理財需求，可以更好地集中資金爲理財目標進行資產配置。兩個人共同分析未來的各個時期的財務需求，制訂一些資產配置計畫，是最合適的理財方法。至於如何理財，可以協商解決。誰的理財能力強就由誰來操作，如果兩人都想各管各的，可以參考三帳戶制，雙方按規定比例出資，建立一個公共帳戶，負責家庭的共同開銷。

還有就是婚前財產協議的問題。婚前財產協議是一種「理性行爲」，是對感性行爲的一種約束。婚姻是什麼，婚姻不是花前月下，是柴米油鹽醬醋茶。婚前財產協議對於婚姻利大於弊，隨著婚後長達幾十年的時間積累，家庭資產也會不斷壯大，爲以後的日子考慮，只要不影響兩人感情生活，財產公證是非常必要的。如果婚前買房，可以確定雙方的出資金額，做一個公證。房屋權狀上不妨寫上兩個人的名字，房產也是歸二人共有，省得引起家庭糾紛。

結婚以後租房還是買房呢？這個問題也經常困擾想結婚的年輕人。租房子的優點是現在就有能力住大房子，使用更多的居住空間，而且能夠隨著收入變化自由選擇，資金也較爲自由，不用考慮房價下跌的風險；買房的優點在於能夠積累實質財富，滿足擁有自己的房子的心理，而且還有資本增值的機會，但還貸不說，還缺乏財務自由。究竟是買房還是租房呢，那就要看雙方的經濟實力了，賺錢不多的，可以考慮婚後過幾年再買房。

最後，來看看投資規劃。因爲結婚買房需要比較大的開支，因此儲蓄是非常重要的，兩人可以投資一份定投基金，作爲一個長期投資兼強迫儲蓄。可以以每月一萬元爲限，投資指數型基金，投資期限爲二十年左右，作爲將來孩子的教育金或者是房子的本金。

還有就是保險的問題。配置保險保障，應以壽險和意外險爲主，意外險的收益人主要爲父母，保費支出也不大。

◎沒有錢，也要向百萬富翁學理財

二十幾歲的年輕人大多都沒有多少錢，談不上什麼富人。沒錢的人有沒錢人的活法，有錢人有有錢人的活法，在理財上，窮人和富人有什麼差別嗎？百萬富翁又是如何理財的呢？這些富人有什麼理財的訣竅嗎？下面就來看看富翁家庭的理財方案：

＊真正的百萬富翁花錢不瀟灑

百萬富翁不僅能賺錢，還擁有高效理財的家庭計畫。不知道你信不信：不買新傢俱而把舊的翻新；選擇最便宜的電話費率；從不電視、網路購物；修補舊鞋子；買東西用優惠券；買打折的家庭用品。這是一個美國百萬富翁的家庭生活片段。

我們不禁會問，幾百萬美元還不夠花嗎？爲什麼還要這樣節省？就算能省下幾個小錢，能幹什麼呀？這樣做，不過每天能節省五十美分，一生又能夠節省多少？在美國，典型的富裕家庭每年在食物和家庭生活用品上的支出超過一萬美元，一個人的一生大約在四十萬至六十萬美元之間。如果節省一些，只花費三十萬美元，並將這些錢投資於一個理想的股票基金中，按照一般的收益率，賺到的錢將會超過五十萬美元。這樣看，你會怎麼辦？你還會大手大腳地花錢嗎？

＊重要的不是優惠券，而是從小教會孩子理財

在美國百萬富翁家裏的餐桌上你會看到這樣的情景：孩子們在報紙和廣告中尋找父母用得著的優惠券。尋找優惠券，然後教他們基本的編排技術和整理歸納的技巧，把這些優惠券放在一本按字母順序排列的檔案夾裏。如果找到了，回報的不僅是一個微笑，而是一門重要的課程。

這門課程不但會培養他們對價格的敏感，還能使他們學會保護自己的錢財。處理優惠券的過程中，無形地培養了孩子處理金錢能力和組織計畫的能力。

即使這些優惠券不會省多少錢，但是，以一個「計畫指導老師」的角色和孩子一起工作，讓他們參與到家庭理財中來，對孩子的將來是有極大好處的。

榜樣的力量是十分有效的，如果你能處理好自己的財務，你的孩子也會模仿你的行爲。要知道，成功人士都是那些知道並懂得怎樣進行計畫和組織的人。

*對首次成本麻木，對動態週期成本敏感

比如，你需要安裝一個熱水器，你是自己安裝，還是找個工人來安裝呢？

「首次成本」的意思是：你自己安裝而不請一個熟練的工人節省下來的錢。雖然能省一筆錢，但是在以後的使用過程中，因爲自己缺乏經驗，很容易出錯燒壞系統，如果煤氣外洩，還會瓦斯中毒，這些問題都是因爲節省首次成本產生的。而工人更有經驗，技術更好，安裝的熱水器會更加持久耐用，水熱得會更快。動態週期成本指的就是在使用過程中的運作成本，整個動態週期中的資源耗費，通俗的講就是說，壞了就得修，修還需要更多的錢。

節儉不是「事事自己動手」，雖然百萬富翁大多很節儉，但是並非普通人理解的那種吝嗇鬼。只有當節儉使家庭的經濟效率真正得到提高時，才是真正的節儉。

百萬富翁的正確做法是：不在這些不具有經濟效益的事情上浪費時間，請熟練的工人幹活會更有經濟效率。他們更不會撿了芝麻丟了西瓜。一台熱水器安裝維護得好，可能會用十幾年，這麼多年裏，首次成本足以得到補償，百萬富翁就是這樣考慮問題的。

＊適當的方法等於體面加省錢

百萬富翁鮑伊特擁有一間中等別墅和一輛普通的汽車，但是他從來沒有想過購買一輛高級汽車或者是時髦的衣服，並不是他沒有能力購買，是因爲這不是富翁的風格。

鮑伊特認爲，對那些一旦購買了就會失去全部或大部分初始價值的產品，是不值得花大價錢去購買的。比如你今天買了一套昂貴的衣服，它在明天的舊貨市場上會值多少錢？可能是原價的百分之十或者更少。

所以，在隨時貶值的東西上沒必要花太多的錢。富人當然有富人的場合，穿得好些也是一種需要。那鮑伊特的辦法是什麼呢？——購買正在打折的名牌服裝。鮑伊特擁有很多名牌服裝，大多是從打折店購買的。如果不合身，請人將衣服修改就是了。這也是美國百分之四十的百萬富翁都會採取的方法。

通過這種方式，不但省了很多錢，還顯得非常體面。鮑伊特將省下的錢購買可以稱爲古董的老式傢俱，這些東西，既實用，又有投資價值。

＊賺錢的時候算大賬，花錢的時候算小賬

百萬富翁在賺錢的時候關注的是大錢，動輒幾億美金，毫不含糊。但在花錢的時候確實慎之又慎。比如一位百萬富翁曾這樣算賬：買一雙皮鞋花一百美元，換過兩次底，每次花五十美元。在十年中，大概穿了一千六百天。成本是兩百美元，加上鞋值二十美元，總成本爲兩百二十美元。把兩百二十美元在一千六百天中分攤，每天所需要的成本不到十四美分。而他的大學生兒子每雙鞋子五十美元，一年要壞掉三雙。

誰腳上的鞋子會花更多的錢？是穿幾百美元小牛皮鞋的百萬富翁，還是穿五十美元運動鞋的大學生呢？

有時候，富人和窮人想的真的不一樣！

第二章

◎每天花一分鐘記賬，堵住財富消失的黑洞

曾經有一位名人說：「理財要先理心。」理財是一個觀念的問題，有了良好的理財心理和理財習慣，一切問題都能迎刃而解。二十幾歲的年輕人，不知道理財要如何著手，或遲遲無法理財，不妨從學習記賬開始，堵住財富流失的黑洞，讓財富一點一滴累積起來。

記賬的最主要的目的，是讓自己的收支情況透明化。瞭解自己的收入，瞭解自己的支出，瞭解自己還有多少資金可以使用。要養成記賬的好習慣，可以依照下列方式進行：

＊財產統計：記賬首先要明白自己有什麼，瞭解自己所擁有的電視、電腦、傢俱、汽車等不動產有多少，知道自己的流動資金有多少，借給別人多少，弄清楚這些之後，再做經濟資源的配置，就可以做好自己的財產管理。如果連自己擁有多少財產

都不清楚，又怎麼能做好理財規劃呢？

＊收入統計：每個月能有多少薪水，有房的人，每月能收多少租金，還有沒有其他的收入等，包括所有的現金或銀行存款都要記錄下來，並加以詳細分類。但要注意，這裏的收入只有實際拿到的才能計算在內。現金和銀行存款是流動資金，是可以隨時支配的財產。

＊支出統計：即使是流水賬也要做好，爲明白自己所花的每一分錢的流向，爲了堵住金錢流失的黑洞，必須每天記錄支出，並且每月月底都要彙總，持續做下去，有了比較，才能養成量入爲出的好習慣。房租、吃飯、水費、電費、網路費、交通費，這些都要詳細記錄，雖然每人的情況各不相同，但是不管把錢花在哪，都一定要弄清楚，讓錢花得明明白白。

＊制定生活預算：參考做出的明細表，可以做一個生活預算。在做這個預算的時候，考慮每個月正常支出之外，還要注意突發情況的出現，比如感冒生病，下個月父母是不是需要自己提供一些錢，什麼時候去旅遊，和朋友、同事哪天聚餐等這些非經常性支出。該花的地方還是要花，記賬的目的不是對自己吝嗇，而是要讓金錢的來龍去脈清清楚楚。

＊生活支出和投資帳戶分開：每個月拿到現金，將收入減去支出，剩下的錢就可

以用來進行投資了，但是投資資金和生活支出一定要分開。最好設立兩個賬簿，一方面確保投資持續穩定地進行，最主要的是避免財富的無端流失。有了財富黑洞，影響投資金額的正常運行。不同的階段，可規劃不同的投資目標，靈活記賬更佳。總之，記賬是爲了妥善規劃日常的收支情況，並能量入爲出，將餘錢進行相關的投資。

當你在節省每一分錢，積攢餘錢的時候，是否考慮過自己的資產是在增值，還是在不知不覺地流失？這些流失的原因在哪裡？其實都是平時疏於防範，不注意各種細微的節省造成的。買了一件很貴但不好搭配的衣服，買了幾本不怎麼喜歡看的書，把電腦的配置換上最新款的硬碟，不知道自己的信用卡刷了多少錢，種種看似微小的細節都很容易造成金錢的流失，而又不能及時補足，到頭來財富也就不翼而飛了。只要我們及時記賬，平時對容易造成財產流失的幾個方面多加注意，堵住財產流失的黑洞，就會成功實施自己的理財計畫。

現在工作的年輕人大部分都有自己的電腦，在網路上建立一個理財賬簿，利用一些輔助工具，可以達到事半功倍的效果。

你還在做「薪光族」、「月光族」嗎？你發現自己財富流失的黑洞了嗎？你有每天記賬的習慣嗎？如果沒有，請從現在開始記賬吧！因爲記賬是理財入門的第一步！

第三章

會花才有錢——合理理財，從花錢開始

花錢也是一種理財，該花的錢一定要花，不該花的一分也不能花。現在很多年輕人不明白這個道理，不懂得量入為出，不能讓所花的錢發揮最大的作用，這簡直是一種對金錢的浪費！

◎會賺錢是印鈔機，會花錢是提款機

現在社會上流行這樣一句話：「會賺錢的人是印鈔機，會花錢的人是提款機，會存錢的人是數鈔機。」只有真正懂得三機一體的人，才是理財高手。理財不僅僅等於投資，是處理錢進和錢出的行爲，誰能讓二者間的剩餘最大化，誰才是理財贏家。

二十幾歲學理財，關鍵要學會怎麼花錢，也許你會說，花錢誰不會啊？不會花錢，那還是錢不夠多！不錯，現在連一個幾歲的小孩子都會花錢，更不要說已經工作的年輕人了。所謂的「會」花，是一種學問，更是理財的一門功課。

每個人的一生都離不開錢，每個人都是在賺錢和花錢中度過的，二十幾歲，剛剛獨立生活，面臨的最大問題就是理財的挑戰，賺了錢怎麼花成爲大部分年輕人犯愁的難題。市場經濟之下，已經進入了全民理財的時代，每個人都必須爲自己的人生進行財務規劃。

學會花錢，也就是科學合理的消費，是實現財務計畫的一個重要組成部分。會花錢的人大多會賺錢，會賺錢的人不一定會花錢，不合理的消費會直接影響投資成本，成本高了錢就賺得少了。養成正確合理的消費習慣，把自己的錢財打理得井井有條，會花錢、花好錢，對事業的發展和人生的規劃有至關重要的作用。

二十幾歲大多都在辛辛苦苦地上班，一點一點攢錢，考慮到將來的生活，想買車，買房子，結婚……哪項開支都夠你受的。花錢大手大腳，到了三十歲還攢不下錢，簡直是太失敗了。所以，要有一分錢掰兩半花的精神，錙銖必較，聚水成河。

大部分年輕人都屬於「衝動性」消費者，這種花錢習慣是理財的大敵。比如，有的女孩子看到打折就興奮，在賣場裏轉半天，買了一大堆便宜的東西。好像是得了便宜，實際上有很多東西是不需要或者暫時用不上的，純屬浪費金錢。有這種「性格」的朋友，不妨記個「流水賬」，可以幫你對付「看不見」的零星支出，有效抑制「衝動性消費」。

當然，人只要活著就離不開消費，對太過瑣碎和頻繁的消費，也沒必要一筆不漏地進行管理。理財的重點在少數而不在多數，對多數控制一個總金額就行，就算有些失誤，損失也不會太大。對那些購買次數很少的大宗消費，如家電、傢俱要著重管理。這樣，既節省了時間，也不用花太大的精力，管理起來也更合理。

俗話說：花錢容易賺錢難，賺的本來就少，再不節儉，更沒錢。再完美的理財計畫，不能嚴格執行，也只是紙上談兵。節儉不僅僅可以節省金錢，也是對購買商品使用時間的節省，節省時間更能提高工作效率和學習效率。

能省不如會花。好鋼用在刀刃上，不亂花錢就是理財。二十幾歲的年輕人一定要改變花錢的盲目性和衝動性，別一看「打折」就想買，一見「便宜」就掏錢，用處不大，扔了可惜。花錢要堅持三原則：一是「有錢不買半年閒」，不經常用的東西堅決不買；二是「看菜吃飯，量體裁衣」；三是「精打細算」。

花錢要有目的，要明確花錢是爲了滿足生活必需，而不是享受花錢的快感！想要以後過得好，學會花錢很重要！花錢也是一種理財，不會花錢，你永遠也不會理財！

◎如果現在沒有積蓄，請你把愛花錢當做病來醫吧

對很多人來說，花錢是一種愉悅的享受，花錢是一種快感，存錢反倒像痛苦的懲

罰，覺得錢燙手，趕緊花了舒服。如果你也像上述情形一樣，是因爲愛花錢而沒有積蓄的話，那請你把愛花錢當做病來醫。過分的消費欲是理財的大敵。花錢的時候你感覺很爽，但是沒錢吃飯的時候你還感覺爽嗎？現在的愉悅可能換來的是未來的痛苦！

要想改變這種胡亂花錢的惡習，可以參考以下幾個方法，因人而異，適當調理。

第一、強迫自己存定期儲蓄。記住，在存錢的時候別存活期。活期儲蓄的錢，意志不堅定的話很容易被花掉。所以，最好只留出基本生活需要的現金，然後把自己手裏所有富餘的錢存成定期。

第二、定期從你的薪水帳戶上取出兩千元、五千元或是一萬元，存入你新開的定期存款帳戶中。如果，你的薪水是直接入帳的，不妨按照這個方法去做。每次存的錢也不用太多，情況允許，還可以在二至三個月之後，增加每次從薪水帳戶中取出的金額。相信過不了多長時間，你就會發現，你的錢怎麼變多了?!

第三、每天從錢包裏拿出十元或一百元，放進一個信封。把這個信封放在不易覺察的地方，說不定哪天沒錢的時候，這個信封會給你一個大大的驚喜。如果用不上，就趕快把這些信封裏的錢存入你的定期存款帳戶中。不要小看這小小的一百元，聚沙成塔，每天存一百元，每個月就是三千元，一年就是三萬六千元。

第四、核查信用卡的對帳單。如果頻繁使用信用卡的話，最好每個月都要看一次你用信用卡支付了多少錢。並盡可能地減少從信用卡中支取的金額，或者不到萬不得已絕對不用信用卡。信用卡最容易培養不良消費習慣。

第五、給自己一個目標。從現在就開始關注存錢的目標。存錢不是最終目的，是爲了實現你的目標。你是想買房子呢？還是先買一輛車？結婚嗎？還是打算出國進修？要不去學著做投資？總之，要確立一個長遠的目標。最好用小紙條寫下來，貼在書桌上、門後面、餐桌上等你經常看到的地方，提醒自己，一切的一切都是爲了這些目標。你必須知道，現在花的錢和以後要花的錢有本質的區別，沒有現在這些錢，就不會有一切！這些寫在紙上的目標會增加你存錢的動力。

第六、儘快還清你欠別人或者銀行的錢。欠債欠的是人情，更是利息。養成儲蓄的好習慣並將之堅持不懈，你要面對的不再是沒錢的問題了，這是應該考慮如何獲得更高回報的時候了。所以，可以選擇一種或幾種適合你的投資方式。

◎把錢花在刀口上——讓每一分錢物盡其用

摳門也是一種生活方式，錢就應該花在刀口上，花在最需要的地方，能省則省，絕對不能浪費，就算再有錢也不行。讓每一分錢都能物盡其用，不買最貴的，只買最對的。不買不需要的，只買用得著的，這樣就能讓每一樣東西的價值都得到最完美的體現。

二十幾歲的人，錢賺的本來就不是很多，錢花一分少一分，不能把錢花在刀口上，用在最需要的地方，造成資源的浪費不說，也會影響以後的理財規劃和人生目標。學會花錢，必須懂得怎麼花錢！把錢用在刀口上，你的刀鋒才會更鋒利！

◎吝嗇有時是一種優秀的品質

二十幾歲，你有多少錢？大部分人會說，我的錢在月底就花光了，就那點薪水，還想攢錢啊？連我喜歡的包包都買不起，還提什麼錢不錢的？那再問你，一千元多嗎，你一定會說，那點錢夠幹啥呀。是的，一千元不多，那一塊錢就更少了。但是，想學會理財，要先學會花錢，要先學會這句話：一千元不嫌多，一塊錢不嫌少！

大家都知道全世界的錢都裝在美國人的口袋裏，而美國的錢裝在猶太人的口袋裏。雖然猶太人只占世界總人口的千分之三，但是這些人掌握著全世界的經濟命脈。相信這些人你也不會陌生：巴菲特、卡內基、洛克菲勒、基辛格、索羅斯、戴爾，他們都是猶太人，猶太人爲什麼這麼有錢？

追根溯源，要提到一部奇書——《塔木德》。這部書不僅是猶太人超凡智慧的集大成，更是一部猶太人經商的秘笈。《塔木德》認爲：鈔票不是傻子。知道如何使用

錢的人，才是真正的聰明人。

據說，洛克菲勒到飯店住宿，從來不開高級套房，只住普通房間。侍者不解地問：「您的兒子每次來都要最好的房間，您爲什麼總是住普通房間呢？」洛克菲勒幽默地說：「因爲他有一個百萬富翁的爸爸，而我沒有。」看來，吝嗇在有的時候和節儉一樣，也是一種優秀的品質。

A有一家專門批發皮貨的商店，店鋪規模很小，但有一批固定客戶。其中有個客戶，我們姑且稱之爲B，他每次都是騎著自行車來，進幾千元的皮貨。一年以後，A的店面擴大了，來進貨的B也換成了摩托車，但還是進幾千元的貨。又過了兩年，A的店鋪成了皮貨批發大商場，B開了小汽車來進貨，但進貨量還是幾千元。又過了兩年，A成了裝備有義大利最先進生產線的鞋廠廠長，而B因爲競爭激烈，破產了。

兩人聊天的時候，A問：「這些年你賺的錢都哪裡去了？」

B說：「你沒看到我的小汽車嗎？不久前我還花了幾百萬換了間新房子。」

A笑了笑：「我把你買車的錢用在了購買設備上，買房的錢用在了擴大生產上。」

看似是幾千塊錢的小問題，但要看把這些錢花在什麼地方。用在購買奢侈品的消費上，一千元啊，太多了；把錢用來投資，一塊錢都不能浪費。

中國的富商大多集中在南方，這些商人動輒幾千萬，毫不含糊。可是他們自己的生活十分節省，每次出差總是跟下屬擠一個房間，和下屬吃一樣的飯。他們沒錢嗎？有錢人過著沒錢人的生活，為什麼？因為他們知道，錢不是用來享樂的，錢應該花在有價值的地方！

比爾・蓋茲說過這樣一句話：「花錢就像炒菜一樣，要恰到好處。鹽少了菜就會淡而無味，鹽多了，苦鹹難咽。」鹽的多寡掌握在廚師手裏；錢的花法，掌握在自己手裏。一千元不要嫌多，一塊錢更不能嫌少！

◎善用理財之道，單身族也能很有錢

單身，不一定就是貴族。初入社會，大多數人都是從單身開始幹起的。這個時期是一個人最原始、最基本的狀態。就好像一個企業剛剛成立，能不能有好的業績，就要看自己如何運作，如何吸引外來資金，如何發展壯大。單身族理財也要遵循這個規律。

「我每月收入大約是兩萬元，省著點花應該是夠用了。也沒什麼生活壓力，一個人想怎麼過就怎麼過，自由是很自由，但是不節制，幾乎每個月都要透支。」在某報社工作的林小姐如是說。

一個人賺錢一個人花，看起來生活品質也不會很差。我自己養活自己，不攢錢，但也不和家裏要錢，這還不夠嗎？日常的開銷是夠了，問題是，如果有一天你生病了呢。意外情況隨時會出現，如果收入也出現了波動，那怎麼辦？這時候就必須拿出一筆錢解決緊急狀況，沒有積蓄，單身族你依靠誰？單身在順利的時候是幸福，在落難的時候就是無助。

二十幾歲的單身族社會關係還不是很廣泛，身處危機又該如何自理？所以，單身族們必須「強身健體」，讓自己的錢包鼓起來。單身族們在經濟方面大多很「單薄」，財力上很難與其他「族群」相提並論，因此，理財是單身的年輕人必修的一門課程！

善用理財之道，學會怎麼去花錢，是單身族致富的寶典。下面這些生活技巧相信對單身的你來說是非常重要的，不妨就從現在開始，試試，也許，你也是一個理財專家。

一、每月領到工資後，第一件事就是把工資的一部分存入銀行。這個數目，要根據開支和開銷做估算，存的太多造成生活不便，存的太少沒有儲蓄的意義。

二、把要買的東西認真仔細地清點一下，存到電腦裏或者記在本上，然後到最合適最經濟的市場去買，不盲目買東西，改掉亂花錢的壞習慣。

三、勤儉節約。這不是老生常談，對單身的年輕人來說，是一個可以減少日常開支的重要環節。比如用節能燈具、和同學合租房子等。其實，很多費用的支出是不必要的，這些小錢看似不起眼，但長年累月堅持下來，也是一筆不小的數目！比如，有條件做飯的不如自己做，到餐廳裏吃，價錢高不說，吃得也不一定很合胃口。

四、儘量少用信用卡，堅持用現金付賬。信用卡一向是銀行和商家贏利的重要手段，也是一種讓你在不知不覺中花光積蓄的方式。輕輕一刷很方便，你的錢袋子送給別人也很方便！

五、什麼東西都要省著用，對那些消耗快的更是如此。平時勤於護理就可以延長壽命，提高其使用率，這樣無形之中就延長了更新的週期，節省了開支。

六、掌握一些維修技術。對常用電器和一些機械物品的維修知識，要多懂一點。出現了什麼小問題，自己就可以解決，省下了修理費用。

七、壓縮人情消費的開支。年輕人多交一些朋友是很重要的，所以在人情消費上的開銷也不少，但要掌握適當、適量、適度的原則。能在家請客就在家，規模越小越好，一來自己不鋪張浪費，二來也減少了負擔。

這些方法，對二十幾歲的單身者來說，絕對能給你省下一大筆錢，能賺不如會省，省著點，學會花錢，把錢用在最需要的地方，才是真正的理財之道。養成良好的消費習慣，也是爲了將來做打算，你總要戀愛，總要結婚，總要結婚，總要買房，你不可能一輩子過單身生活吧？

單身族們，除了花錢之外，還要學會怎麼去賺錢，除了踏踏實實地工作，還要注意在日常工作、生活中收集一些理財資訊，最好能利用業餘時間做份兼職，或者有能力的去進行股票和基金投資，收入也是十分可觀的。

二十幾歲，才開始自己的人生之路，什麼都要學習，再加上現在知識更新這麼快，單身者應該趁著現在沒有家庭負擔，閒餘時間也比較多，積極參加各種教育進修。增長知識，提高素養，掌握技能，才能爲以後的發展打下基礎，這也是一種長遠投資

讓單身者成爲真正的「貴族」，三十歲以後的人生剛精彩，請理財幫你忙！

◎將小氣進行到底，日子豐富多彩有滋味

安安是個典型的「小氣包」，她的朋友都幫她計算著，一年來，她多少天沒請客吃飯了，多少天沒到外面洗車了。不管在家還是辦公室，她絕不浪費一滴水一度電，被同事戲稱爲「環保尖兵」，而她也毫不在乎，並且振振有詞地說：「這才是走在時代前端，節省光榮，浪費可恥。」

一年前的安安可是個典型的「月光族」，「年輕時候不好好玩玩，到老了想玩也玩不動了。現在過得好點，別的等三十歲以後再說吧。」這就是安安當時的心態，剛上了兩個月班，就跟家裏要了幾十萬買了一輛車，不管有事沒事，都要開著車去，雖然從家到辦公室只需要三十分鐘，但她還是要開車。「有了車真爽，想去哪去哪，再也不用求人了。」這輛車，給安安掙足了面子。

直到一天，她在報紙上看到了一條售屋廣告，面對心儀的房子，卻掏不出幾十萬

的頭期款。這時的她才翻然省悟，「我生平第一次感到自己的心靈和錢包是那麼的空虛，工作了四年了，竟然拿不出幾十萬的存款來。」之後，她就變得小氣起來，上班坐公車，車能不開就不開，還說：「油箱把油加到一半最划算，滿箱油幾十公斤會增加油耗的，錢也就不知不覺地沒了。」

以前，她經常到外面洗車，現在卻堅持在家洗。在社區裏，經常能看到安安拿著一塊舊抹布，提著一隻水桶，給車「洗澡」，而且用的都是洗衣服、洗菜剩下的回收水。她用電也很「小氣」，在家儘量自然通風，能不開空調就不開；所有燈泡都是節能燈泡；把待機的電器插頭統統拔掉。她說：「精打細算，小氣一點，生活更美好更有意義。」

現在的安安不僅錢包鼓了，存款多了，節儉的意識也深深影響了周圍的朋友和同事，他們也成了「小氣一族」。這種生活，是對奢侈的摒棄，簡約自然，把一切多餘的東西拿掉，只留下精華的部分。

小氣不是「守財奴」，是一種健康的消費理念和理財思維，這種新型的生活方式和一般節省的意義並不完全相同，也並不是在所有生活細節上都要小氣，只是有意將生活中一些可有可無的消費省去。

保持這種「小氣」理財觀念的年輕人，大多具有高學歷和不錯的工作，活得自信、灑脫，不介意別人的看法，在某種意義上說，這樣的人才是真正的「非主流」。

從理財宏觀上來說，這種理性消費不是抑制消費，而是有計劃、有目的地消費。「小氣」一點，更能培養正確、完善的理財能力。不管是從經濟角度還是教育角度來看，這樣的消費都有著積極的作用。況且，理性消費的同時還享受了真正的生活。衣食住行都採用了健康環保的方式，對自己的身體有好處，無意間還爲環保、爲社會作出了貢獻，同時，簡儉、自然，本身不就是一種生活情趣嗎？

學會了小氣，就是學會了省錢，學會了省錢，理財才有的可理，月月光年年窮，沒錢的日子味道想必也不好受。二十幾歲做個小氣人，別和別人比較，也別打腫臉裝胖子，錢是自己的，花一分就少一分，省一塊是一塊！

◎魚和熊掌兼得——既要節約省錢，又要享受生活

人的一生，從某些方面來看，就是一個不斷賺錢和花錢的過程。賺了錢，買衣

服，要買房子，買車子，孩子上學，贍養老人，省下錢將來養老，有節餘留給子孫後代。說白了，就是賺錢、攢錢、花錢。

相應的，在理財的時候也應該抓住這三個方面。賺錢，是開源；存錢，是節流；而花錢，特別是有效的花錢，還可以同時兼顧開源、節流兩個方面，在理財方面起到特殊的作用。特別是二十幾歲的人，既要節約省錢，還要學會享受生活。一個不懂得享受生活的年輕人，是沒有朝氣和活力的；一個不會花錢的年輕人，攢錢是相當困難的，賺錢也是十分費力的。

很多年輕人覺得，花錢還不好花，再簡單不過了，到商場裏shopping，錢就花出去了。但是花錢也有訣竅，如何讓花出去的錢更加有效益，這是一門藝術。理財遵循的基本原則是最小投入最大收益，站在理財的角度看，花錢就是投入，那如何做到收益最大化呢？怎麼花錢才能既節省又合理？又如何藝術地花錢呢？

首先，花錢要忍得。也就是說要理性消費，避免衝動型消費和盲目消費，有計劃有目的地去花錢。買東西之前，先列一個清單，免得看到什麼就想買什麼。不少年輕人在逛街的時候，都沒有一個詳細的購物計畫，結果錢沒少花，買的東西卻不是自己急需的。放在那裏，浪費金錢，也打亂了理財計畫。所以，消費的時候，一定要堅持實用爲標準，控制自己的購物欲。如果不能很好地克制自己，那就慎用信用卡，出門的時候少帶點現金。想衝動，也衝動不起來了。

其次，花錢要捨得。看上去是不是和節約省錢有些相悖，開始說要省著花，現在卻要多花，這是什麼邏輯？這不符合理財原則啊！

實際上，適度地多花錢也是一種理財的方法。比如在買電腦的時候，有的產品雖然價格上貴一些，但是品質有保證，結實美觀，耗電量小。買的時候多花點錢，好用不說，幾年下來，節省的電費也不少。

當然，買東西的時候也不能光看價格，還要注意比價，看這個東西值不值得買。所以，不是一味地節省就好，適度買一些價格貴的耐用品會有意想不到的收穫。再比如買股票的時候，更不能貪圖便宜，買一些沒有升值空間的垃圾股。那些有升值潛力的股票，雖然目前的市值相對高些，但是升值空間巨大，將來才會賺錢。

最後，花錢要享受。享受不是說住高級大酒店，吃海鮮大龍蝦，穿高級的衣服，更不是拿錢不當錢使。享受的意思是不做守財奴，不做財迷，錢是身外之物，生不帶來，死不帶去，沒必要像個吝嗇鬼一樣活著！年輕人談戀愛，充電，生活壓力大，適當地花錢，對自己好一點，也是非常必要的。和朋友出去聚餐，到外面旅遊，買身新衣服，讀一本好書，享受生活，這才是真正的人生，爲了錢活著，成了金錢的奴隸，活著還有什麼意義呢？二十幾歲是一個人價值觀和理財觀剛剛起步的階段，這時候就

開始做金錢的主人，相信你的財富之路會更加平坦！

花錢並不是一件簡單的事，要花出效益，花出回報，花出理財新觀念，更要花出美好的人生，花出精彩的未來！

◎二十幾歲白領們的低成本時尚方案

二十幾歲的白領們在城市裏生活，花錢如流水，想省都省不下。想過得舒適體面，時尚又經濟，不是一件很容易的事。不知道你聽說過「摳摳族」沒有，這是一群在城市裏悄然崛起的小白領，他們信奉「摳」，提倡物盡其用，節約省錢，過得時尚快樂。

其實，幸福的生活也可以很簡單，享受生活並不等於享受物質，更重要的是自己想要什麼。如果我們把節儉的傳統美德和現代的時尚思維相結合，也許你就會發現，時尚並不是那些高高在上的富人們的把戲，時尚原來真的很簡單！

摳門是一種學問，能省的一定要省，不該省的絕對不能省。節約不僅是一種優良品質的體現，更是一種重要的理財方法。想過得有品味，僅靠揮霍是不能提高的，還需要一顆美好而時尚的心靈。勤儉持家有方法，那白領們怎樣才能過上低成本的時尚生活呢？。

做一個時尚的摳摳族，首先要有一個好心態，不能覺得摳門傷自尊、沒面子。事實上，西方發達國家人們的生活，比中國人要隨意得多。紐約街頭，穿著球鞋和休閒裝的人比比皆是。國外的時尚達人們把摳門當做一種享受，花錢多就能表示你有品味嗎？不見得！我們不妨學習學習西方人的生活，該摳則摳，能省就省。

第二點，要有一個好的理財規劃。你是否每個月都有一個收支計畫呢？你會在每個月做一次明細賬目嗎？時尚的摳門人更要學會統計學，事事做到心中有數，把收支統籌規劃，通過節省、儲蓄，逐步實現理財目的。如果你能夠把金錢打理好，那麼你的工作和事業也絕對錯不了。

第三點要學會購物。購物之前作一些準備，可以節省很多開支。第一，絕對不能餓著肚子逛街，原本一袋冷凍餃子就能解決晚餐的打算變成採購大堆食品，破壞購物計畫。

第二，掌握好上街所花的錢，稍微超出計畫一點即可。想買也沒錢買，自然就能

節省一些。第三，要及時瞭解打折資訊，並做到貨比三家，精明購物。

另外，還可以換季購物，這是一個絕對的省錢高招，冬買夏用，夏買冬用，但要注意別貪小便宜吃了大虧，一個成熟的摳摳族，一般都會把離家最近的超市的物價摸清，心中有數少花錢。

最後，做一個時尚的省錢族，必須有節約和環保意識。節約用水、節約用電，看似很簡單，其實這些細小的節約，蘊藏著巨大的財源。換上節能燈泡，裝上節水水龍頭，不知不覺就能省下一條褲子的費用。就算一節小小的電池，也不要忽視。腰包少掏的同時你就會發現，省錢的奧妙竟然如此簡單。

時尚生活，其實不需要太多的錢，只要你能學會省錢，學會花錢，有一個科學合理的理財計畫。二十幾歲，我們開始做一個時尚的「摳摳族」，來來來，摳出一個未來！

◎二十幾歲要懂得的量入為出的理財常識

在我們身邊經常聽到這樣的聲音：「畢業快三年了，除了吃喝拉撒、房租電話、衣服人情，一分錢沒撈著，還背了一屁股債。」

從理論上來說，最容易激發理財欲望的是組織家庭，但是在婚之前，很多年輕人崇尚獨身，家庭觀念薄弱，經常是賺一分花兩分，入不敷出。二十幾歲的年輕人，樹立自己的理財觀，最重要的是一個人的生活態度、消費方式和消費習慣。

理財，理得不僅僅是財，理得還是一種原則。這個原則就是收支平衡、量入爲出。量入爲出原則，也就是說，有多少收入就規劃多少支出。沒有收入就談不上理財，但是有了錢怎麼去花才叫理財，你不理財，財不理你，一個連花錢都不會的人，財怎麼會理你呢？

量入爲出，不僅要量一量你手裏有多少錢，還要量一量自己能過得起什麼樣的生活，想要什麼樣的生活。比如能坐公車，就絕不去坐計程車；能自己做飯，絕不去館子裏吃飯。這麼說並不是意味著計程車一定搭不得，飯館永遠不能去。只是，當你把這種搭車上館子的優裕生活變成了日常習慣後，優裕也失去了當初的身價。

人不能總是被欲望控制，依著欲望下去就是無度，而無度之後便是乏味。如果把揮金如土當做自己的習慣，到最後只是讓自己的生活更加乏味，世上還有比這更不幸的嗎？所以二十幾歲的年輕人更要知道自己想要什麼樣的生活，這樣就不會為了那些現在根本不能享用也享用不起的奢侈生活，去算計銀行裏那點可憐巴巴的鈔票了。

把握量入為出的原則，不能打破收支平衡的堅持，最好是每月有節餘，每月去儲蓄，花錢花在有價值的地方，花在投資上。穩定帶來收益，「量入為出」是關鍵。

二十幾歲，把量入為出當做一個常識，最好能當做一個口號，每天念誦這句話，也許到了三十歲，你就會驚奇地發現你變成一個富人了！

第四章

二十幾歲
成功理財的十個秘密

理財的秘密不是那些只懂高談闊論的專家們發現的。這些理財的小妙招都是經過長期實踐，投資者嘔心瀝血總結的經驗，非常適合二十幾歲的年輕人。掌握了這些理財秘密，不一定能讓你發大財，但至少會讓你明白——理財到底是怎麼一回事。

◎與最適合你的投資工具「談戀愛」

有錢人把金錢當做遊戲，沒錢的人把錢當做命根子。相比富人，沒錢的人更需要增加自己的財富。可是增加財富的工具很多，什麼證券、股票、基金、期貨等，看得人眼花繚亂。很多二十幾歲的年輕人有上面所說的那些疑問，陷在到底該選擇哪種投資工具的迷惑當中。那麼，該如何選擇最適當的工具呢？

其實，投資工具無所謂哪個好哪個不好，重點是哪一個最適合你！有的投資工具很複雜，需要投入很多的時間去觀察研究，譬如股票、期貨；有的投資工具只要投入一點點的時間就能掌握精要，譬如基金、結構式商品、房地產證券化商品等。

選擇投資工具的時候不能單單追求投資回報率，最重要的是挑選一種最適合你的投資組合。比如，有的人認爲現在銀行的利息越來越低，把錢用來定存的人不是傻瓜就是土包子，收益那麼低，根本無法創造豐厚的收入。但是如果你有兩億元，你說定

存合適不合適？每個月的利息就夠你瀟灑地生活了！

還有的人認爲股票難賺，幾百家上市公司，根本不知道該買哪家的才好，再加上期貨市場與境外投資機構的開放，相對一般的投資人，選股難度是挺大的！但是對那些高手來說，投資回報率絕對會比基金好，甚至年賺幾百萬都有可能。

爲什麼同樣的工具，在不同的投資人看來，感覺也不盡相同呢？也許，問題在於你是否真的瞭解自己想要什麼，或者對自己的認識不是很清楚吧！

現在的市場是一個開放自由的資本市場，各式各樣的結構與標的不同的投資工具，就像三千後宮佳麗，可這個投資皇帝不是好當的。就以購買基金爲例，很多投資人跟風盲目搶進，廣告推銷什麼就搶什麼，金融機構的理財專員介紹什麼就買什麼，萬一所選的基金績效不好，就指責這些理財人和理財機構都是騙子。就像皇帝一樣，太監給挑選了一個妃子，事後覺得很不滿意，就把這個太監打了一頓。殊不知專家挑選股票，也不可能一定會賺！這樣搞不清楚自己買的到底是什麼的糊塗蟲更不在少數。

那怎麼才能避免出現這樣的情況呢，那就請你自己去挑選合適自己的投資工具吧，自己看中的妃子才是真正喜歡的，適合自己的才是自己想要的。不妨和自己的投資工具談談戀愛，老婆是自己的好，不必去和別人搶，即使搶來，未必就幸福。

和適合自己的投資工具談戀愛，就要像愛自己的老婆一樣關愛她，時時注意她的一舉一動，消長高低，了然於胸。更不能喜新厭舊，要對那些新鮮的選擇標的有充分的認識，否則很容易「眾叛親離」。

年輕人學習投資，還是多看多聽多學習，畢竟這些投資工具看起來很「漂亮」，卻不知道性質如何。讓我們再回頭看看這句話：「工具無所謂哪個好哪個不好，重點是哪一個最適合你！」打個比方說，世界上的美女帥哥那麼多，和一個長得好看的結婚不一定就會幸福，互相覺得順眼，相處愉快才是過好日子。選投資工具也是一樣的，不要盲目追求高投資回報率，那些賺錢多的不一定適合自己！

另外，二十幾歲的年輕人在和最適合你的投資工具「談戀愛」，在與投資標的交往的過程中，還要注意一點——現在是自由戀愛，不是指腹爲婚，如果相處一段時間，覺得你的「八字」和持有的投資標的個性不合，那還是及早分開合適，不要等到變成怨偶，相看兩相厭，那時損失最大的絕對是你！

投資就像談戀愛，合適的投資工具就是你的男女朋友，用心呵護，也許一個全新的「生命」不久就會誕生了，你的財富也許馬上就要來臨了！年輕人，從現在就開始「戀愛」，三十歲以後也許你就是下一個百萬富翁！

◎當你的投資回報率超過銀行利率就能成富人

對二十幾歲的年輕人來說，投資這個概念似乎顯得有些陌生，往往認爲「投資」就是理財，那是有錢人的把戲，對我們這些「無產階級」來說太遙遠了。實際上並非如此，理財是我們每個人的事，投資更是每個人必須要學會的生財之道。

前期的儲蓄積攢下的錢，不能讓它們乖乖地躺在銀行裏，閒置就是在縮水，不能運作起來，是不可能賺錢的，投資就是不太富裕的年輕人運作錢的比較好的一種方式。

投資的意思是把你的金錢、時間和精力等，投入到你預期有一定利潤或者有合適回報的事物中去，這個利潤或者回報就是所謂理財理出來的「財」。投資是一門學問，不是簡簡單單幾句話就能說明白的，但是有一個最基本的原則——利潤最大化！付出了當然要得到回報，回報的多寡取決於什麼呢？

這就是我們必須要明白的投資報酬率。當你開始投資的時候，你一定有一個期望值，這個數值將大於你目前所投入的時間、精力和金錢的價值。

這個報酬率看起來很複雜，是不是很難呢？其實不然，任何一個年輕人都能學會有關報酬率的計算。而且這種報酬率的計算，對於每一個想獲得財富的人來說，都是極其重要並大有裨益的。你要對你所花的每一分錢瞭若指掌，並計算它們用於投資能夠帶來多少回報。不妨經常問問自己：這項支出能提高我的投資報酬率嗎？

什麼是投資報酬率呢？對通常意義上的個人理財來講，投資報酬率是一個很簡單的概念，是指收益／投資乘以百分之一百，也就是說，你的所得除以付出的百分比，就是你的投資報酬率了。

明白了這個道理，就可以在繁雜的投資項目中選擇適合你的投資目標了，只要不偏離投資報酬率高於銀行利率這個最重要的宗旨，賺錢還是非常有希望的，成爲一個富人的夢想也不是不可能實現。

早一點認識到這一秘訣，就能早一天成爲富人。所以作爲二十幾歲的年輕人，如果你手中有餘錢，就趕快開動你的腦筋，想方設法將它們活動起來，投資到你自己看好的理財項目上，只要報酬率高於銀行利率，久而久之，你就這樣不知不覺成爲了富人！這是一件很神奇很簡單的事，不是嗎？

◎借雞生蛋——投資你的債務

大家隨處都可以看到這樣的事情，在生活中，在網路上，在報紙上，有貸款的，有催債的，甚至還有專業的討債公司。債務如此盛行，對理財有沒有一定的影響呢？這就要看具體債務對個人的生活和財務方面產生的作用了，如果處理不好，債務會成爲你最大的敵人；如果能妥善處理，把債務當做一個投資項目來做，不僅沒有影響，還能對你的理財起到意想不到的良好作用！

一個理財高手就像一個精通廚藝的巧婦，有米才能做飯，沒米下鍋，也可以借到米，同樣可以做出香噴噴的飯菜。古人說：「書，非借不能讀」，其實資金也是如此。如果現在沒錢，卻正是急需要錢的時候，你怎麼辦？

債務不可怕，有時候就像一隻生蛋的母雞，生完蛋再還了不就得了。所以，學會投資債務也是一項很重要的課程。借別人的「錢袋」發自己的財，理財高手在一無所有的時候，也不會因爲資金的短缺被困在那裏止步不前，他們總是善於運用別人錢財經營自己的事業。

你要明白，借錢或者貸款並不是一件可恥的事情。只有善於借助別人力量的人，投資你的債務，才能使自己的事業得到更大的發展。借助別人的錢來爲自己賺取財富，善於「借雞生蛋」，成就自己的事業，這是最簡單有效的致富之道。

◎理財應該學會管理時間——十二位總裁的時間哲學

談到時間，人們總會想到這句話：一寸光陰一寸金，寸金難買寸光陰。爲什麼不用別的東西來比喻時間，偏偏用金子呢？表面是說時間的寶貴性，背後隱含的寓意不就是說「時間就是金錢」嗎？

把一千元扔在地上，你會不會撿？你肯定會，錢啊，誰不愛？撿一千元只需要一秒鐘的時間，一秒就能得到一千元，這可是大好事啊！可相對於那些頂級富豪們來說，他們只要一彎腰的那一秒鐘就能賺取數億元的財富，區區的一千元相對來說，就變成了浪費時間。

理財有句名言，是這樣說的：管好時間比管好財富更重要。二十幾歲，我們需要做的太多太多了，對財富的渴望幾乎達到了一個頂點，要想實現人生各階段理財目標，必須及早動手。學會管理時間，就是在管理財富。

二〇〇八年瑞士鐘錶、珠寶展覽會現場，有十二位全球頂級鐘錶及珠寶品牌的總裁，談到了他們對時間的理解。讓我們來看看富人眼中的時間是什麼樣子的？

卡地亞全球總裁：如果把時間給別人，那麼時間就永遠不會丟失。

歐米茄全球總裁：時間不僅僅是有功能的，還應該是美麗的。

浪琴表全球總裁：沒有人可以賄賂時間。

豪雅表全球總裁：在我看來時間是人類最寶貴的禮物——哪怕是百分之一秒都是享受人生奇妙的機遇。

百達翡麗全球副總裁：時間是永遠不會結束的挑戰。

Calvin Klein手錶全球總裁：我希望我能一次又一次地停止時間的腳步。

Hermle時鐘全球總裁：時間匆匆從不停留……永遠向前，未來是屬於我們的。

REUGE音樂盒全球總裁：時間，真是最寶貴的東西！思考的時間，激情的時間，音樂的時間……

世界鉑金協會主席：我們追逐稀罕之物，我們渴望達到至臻，我們期望實現永恆。

愛馬仕鐘錶全球總裁：時間，有時候是人類最好的朋友，有時候則是敵人。

名士表全球總裁：時間屬於每個人又不屬於任何人。

雷達表全球總裁：不要試圖給你的生命增加時間，而是要賦予生命到你的時間。

看看這些富豪們對時間的認知，也許每個人都會有自己不同的理解，但有一點是相同的，那就是他們大多數是做鐘錶生意的，而且他們都很有錢。所以，這些人是最懂時間和金錢關係的人！

從他們身上去學習一些管理時間的理念和技巧，對二十幾歲想致富的年輕人來說，是很有必要的。我們不缺少時間，缺少的是管理時間的方法。只有處理好時間的問題，理財才會更加合理和及時，你的財富之路才會越走越平坦！

科學運用你的時間，利用合理的投資工具，投資，越早越好。花期銀行曾做過這樣一個統計，如果一個年輕人在廿五歲時，每月將二十美元投入共同基金，排除通貨膨脹因素，年回報率百分之八，到六十五歲時投入的資金累計九千六百美元，而投資的終值將達到七萬零兩百八十五美元。如果等到三十五歲才開始定投，每個月要多節省二點五倍的錢才能在六十五歲時得到同樣的金額。

一個人在未來擁有什麼樣的生活，取決於他今天所作的準備。想要多獲利，想及早成爲一個富翁，就一定要及早投資。——晚幾年投資，可能一輩子也追不上。出名要趁早，發財更要早！

二十幾歲，正處於一個人最寶貴的黃金時期。有的人選擇大把大把地浪費時間，整天泡在網咖、酒吧、夜店裏，不想著自已去賺錢，成了名副其實的「啃老族」；有的人一分一秒都不願意錯過，把有限的精力投入到無限的時間中去，奮鬥拼搏、積極進取。

請珍惜你的時間，請管理好你的時間，如果你想在三十歲就邁上富人的行列的話……

◎三分法——組合投資「錢生錢」

在西方各國最流行的三分法是：將全部資產的三分之一存入銀行以備不時之需；三分之一用來購買債券、股票等有價證券作長期投資；剩下的三分之一用來投資房產、土地等不動產業，因爲一般情況下房地產是不會貶値而會繼續增値的，這部分投資可以作爲後備基金，以便股票活基金風險臨近造成虧損時用來保本或翻本。讓我們來分析一下這樣做的意義：

存入銀行的錢雖然安全性和變現力很高，但收益微乎其微；投入股票或基金的資產雖然收益性比較好，但風險性也很大；投資房地產一般會增値，但是缺乏變現力。所以，把資產合理地分佈在這三種形式上，可以相互補充，相得益彰。

相對於大多數二十幾歲的人來說，投資房地產還不是很現實，和西方投資方法還是有些差別，所以可以暫時不考慮。利用三分法的意義是什麼？當然是賺錢啦！

雖然我們的錢不是很多，但是並不代表我們就不能投資，也不能說投資就不賺錢。只要記住，在投資的時候儘量進行一些短期投資，可根據利率變動隨時進行調整，以合理規避風險。

二十幾歲進行投資，關鍵是——「不要把雞蛋放在一個籃子裏」。儘量選擇多管道投資，以分散風險。可根據個人的偏好和適合的方式，去合理安排儲蓄、基金、股票、信託等投資比例。把金錢玩轉於鼓掌之間，做一場金錢的遊戲，讓錢生錢，這是三十歲以後變成富翁最重要的一環！

◎學學快樂房奴的理財經

二十幾歲，只要有房子，幾乎都是房奴。這些房奴，被房貸折磨著，每天住著新房子也開心不起來，甚至有的人整天唉聲歎氣愁眉不展，日子過得並不是很快樂。其實買房子不一定都要這麼受苦受難，只要你能作出正確的選擇，完全可以做一個輕鬆快樂的房奴。

計畫結婚、買房的年輕人，更要重視理財。當然，大部分人還得選擇購房貸款，在選擇貸款時，用理財的眼光去看待，也許你會有新的發現。雖然現在房貸理財觀念還沒有引起人們的足夠重視，但房貸絕不僅僅是「我借我還」。事實上，房屋貸款有著很大的理財空間，如何處理好這個問題關係到以後的理財之路。

那怎樣才能做一個快樂的房奴呢？怎麼才能讓愛情和房子兩全其美呢？也許，這些方法能幫你忙：

首先，**不要片面注重首付比例**，更不能輕易相信所謂的「零首付」。對頭期款比例的要求要根據自身的積蓄、具體家庭情況以及投資項目等具體情況決定，那些「零自備款」或者是「×萬頭款」，絕大部分都是建商宣傳的噱頭，只會加重你的購房成本。

其次，**最便宜的並不一定是最適合的**。各種還款方式的利率都有所不同，如果選得好，二十年的房貸可以節省數十萬元以上；選得不合適，就會增加還貸金額。每個人情況不一樣，還貸方式也不一樣，可以選擇最適合自己的。

房貸也可以「跳槽」，你知道嗎？不同銀行的產品不盡相同，甚至一家銀行不同時期也會推出不同的產品。如果新產品比較划算，就可以藉由不同產品間的轉換節省

支出。因爲美國各銀行的利率在不同的時間差別很大，所以美國人的房貸經常會「跳槽」，以此來博取差價。

當然，這些只是一些技巧性的東西，能爲你的買房事業添磚加瓦，但是離做個快樂房奴的目標距離還很遠。除了選房、買房、貸款有一個正確的選擇，以樂觀的心態看待房子才是最重要的。

再好的房子也換不來真正的愛情，生活永遠是第一位的，房子只不過是一個棲身之所罷了。想結婚，不妨先租個房子，等有了一定的積蓄再買也不遲。愛情，遠遠要比這些身外之物珍貴的多，慢慢來，日子一定會越過越好的！

◎資產再投資，新婚族理財方案

剛剛結婚的新人們，度過了幸福的蜜月，接下來要面對的就是柴米油鹽醬醋茶的煩瑣生活，什麼都得考慮，花錢也不能再像以前那麼隨意了。這時，一個非常關鍵的問題就出現了——我們不會理財啊，這以後的日子怎麼過才合適呢？

組建家庭以後，責任也就相應增大，還需有必要的保險保障。如果不能對資產進行再投資，避免財務出現的問題，肯定會影響生活的穩定和長遠發展。雖然剛結婚，但過不了幾年還會生孩子，小套房已經不適用家庭需求，所以還得換房，資金要求量較大，進行資產的再投資非常有必要。所以，建立一個合理的理財規劃刻不容緩。那麼該如何進行資產再投資呢？

理財規劃之保險消費篇：

能不去外面吃飯就儘量不要去，家裏做飯更省錢；和同學的聚會能不去就不去，半年一兩次足矣；少去夜店舞廳，少去喝咖啡，可以把家作爲娛樂場所，溫馨又節儉。把每個月的開支嚴格控制，省下錢作爲儲蓄投資資金。當然，也不提倡單純地存銀行。

理財規劃之保險規劃篇：

年輕人體力好，主要是大病和意外方面會影響家庭財產，雙方都有基本的社會保險，所以保險以重大疾病保險、意外險爲主，能比較好地應對突發事件，還可以適當選擇一些儲蓄型分紅險種，保障全面且保費適合年輕人。

理財規劃之投資規劃篇：

爲了準備孩子的奶粉錢和未來教育金，每月進行基金定投。可以選擇定投股票型基金，每月定投五千，年投資報酬率百分之十，十年後，孩子上學的費用差不多了。

相對年輕人來說，傘形基金搭配是一個不錯的選擇。即在一個公司形成股票型基金、偏股型基金和平衡型基金的搭配，這樣組合之間相互轉換而不用支付申購費用。

爲什麼不選擇股票呢？因爲股票適合於那些收入較高的年輕人去投資，一來承受能力強，二來時間長，可以攤薄投資成本。

再預留一些可流動的現金，和信用卡搭配，應該能應付家庭正常開支和突發事件了。幾年之後，現有的房子出租所得租金也可利用，雙方收入也有增加，壓力不算太大。

這些投資規劃還應根據實際情況隨時調整，不妨定期和理財專員聯繫，以調整自己的投資方向和理財計畫，爲邁入家庭成熟期早作準備。

◎最大限度地使自己的財富保值
——通脹時期怎樣理財

物價上漲，通脹壓力加大，人們感覺手裏的錢「蒸發」得越來越快了。如何能夠規避風險，最大限度地使自己的財富保值增值呢？這也是許多年輕人關心的問題，薪水就那麼點，不像那些有錢人，物價再漲也不怕。

尤其是正在投資理財的年輕人更爲在意這個問題，通貨膨脹了怎麼辦？我的錢是不是就要打水漂了，我的股票該不該拋，我的基金還要投入嗎？這就要求投資者必須突破傳統的理財方式，優化投資結構，實現通脹壓力下的投資收益最大化。如何才能做到呢？

＊更新投資觀念積極理財

改變你的理財方式，向穩健型、積極型轉變。中國人一直都有儲蓄的習慣，認爲把錢存進銀行等著拿利息就萬事大吉了。事實上，目前的銀行利率相對來說是「負利率」，你的錢存進銀行每年都在縮水。人們都知道買股票怕被套，實際上存銀行也會被套，股票套牢還有解套的機會，銀行套住你，錢的購買力就會下降，也就是說，錢不值錢了。那怎麼解決呢？可行的辦法是留足三個月或頂多半年的日常開支，把節餘的資金拿去投資，讓錢動起來，讓錢去生錢！

＊創新投資管道明白理財

現在的投資理財管道很多，讓初涉投資的年輕人眼花繚亂，什麼股票、基金、黃金、藝術品等多如牛毛。如何選擇合適的理財產品才能控制風險、保證收益呢？所以，投資者在投資之前應該對各類投資產品有較爲清楚的瞭解。以下是幾種比較適宜的投資方式：

股票：長線操作，靈活應變。只要不求暴富，只是尋求解決通脹危機，投資贏利，還是有很大的成功機遇的。選擇時要注意：選那些資優企業、產品有漲價空間的行業、銷售規模大的企業或者多元化綜合性的企業。

基金：基金配置不可缺。基金的風險低、省時省力，收益也比較好。年輕人可選擇貨幣型基金和債券型基金，這兩種是目前市場上比較穩健的理財品種。雖然股票型基金是抵禦通脹的長期、有效的工具，但是國內市場還不太成熟，可適當配置債券型基金。這樣，不但能規避震盪行情下股票市場的大起大落，還能在通脹情況下實現保值。

收藏：收藏不僅僅是藝術，也是一種保值、增值的投資行爲。藝術品的投資是一個特殊的門類，但投資效益卻比別的項目更顯著，增值幅度也比別的投資來得快。精美的藝術品在是藝術家一生創作的結晶，數量極爲有限，非常值錢，比如畢卡索的油畫高達幾億美金，年代越久市場價值越高。當然，這個項目的要求較高，對投資者的學識、閱歷、眼光是個考驗，對資金要求也比較苛刻，推薦有能力的年輕人嘗試。

*定位投資，正確理財

面對高通脹，要根據自己的資產狀況，短期或長期的生活目標以及願意承受的風險高低等因素來綜合考慮，如何進行投資，才能使資產實現保值增值。

年輕人因爲收入普遍不是很高，一定要先節流後開源。規劃好自己每個月的支出，理性消費；選擇基金定投，風險承受能力較大者，可以在此基礎上多買一些股票基金，承受能力小一些的應增加平衡型基金。總之，先保值才能增值，最大限度地保住自己的錢最可靠！

◎「傻瓜投資術」——逢低加碼投資的五竅門

定期定額因爲簡單易操作，被人稱之爲「傻瓜投資術」，也比較適合不太懂投資的二十幾歲的年輕人。其實，定期定額並沒有大家理解中的那麼傻，還是有一些投資竅門可以提高投資效率和報酬率的。掌握了這些小竅門，相信對你的投資會有很大的幫助，錢少不要緊，有了釣魚的方法還怕沒魚可吃嗎？簡單歸納起來，有5個小招式可供投資者學習參考：

第一招，逢低加碼兩步提高你的報酬。

雖然這是個老道理，大家都知道市場下跌時應該進場，但是真的有魄力有信心這麼做的人，少之又少。在市場下跌時，定期定額會加碼買進是個提高投資報酬率的好方法，不用很可惜，如果投資者能夠學會運用，報酬一定會提高。逢低加碼如何操作呢？可以分爲兩步來執行：

第一步，先考慮三件事：投資標的前景是否良好；股票市場下跌是否已逐漸量縮止穩；市場氣氛是否悲觀。如果投資標的前景無虞，股市逐漸止穩，市場氣氛不悲觀，就是逢低加碼的最佳時機了。

第二步：決定加碼方式與金額。投資人可以根照個人財務情況決定，可以一次提高扣款金額，扣款次數也可以隨時變動。

第二招，基金被套不要怕，不妨等等看。

市場不好，定期定額績效難免會受到影響。尤其是剛剛學習投資的年輕人，累積的時間也不夠長，遇到市場長久不佳，投資的基金還是會被套牢。那此時還應該繼續扣款嗎？還是應該轉移市場？看到報酬率連著幾個月都是赤字，沒有人不著急，這時

又該怎麼辦？

解決問題，先要理清頭緒。要先看看整個大市場是處於空頭趨勢還是多頭走勢？如果是前者，那所有的基金都有可能面臨同樣的命運，投資人不必停扣，更沒有必要轉換基金從頭開始。如果是後者，市場仍處於多頭，投資人因爲一時的套牢就停扣，將非常可惜。

還有就是看看該基金投資的產業或區域基本面是否轉變、如何轉變，如果股市下跌，良性修正，基本面未轉壞，投資人應該持續扣款，甚至把握機會利用單筆加碼買進。反之，基本面出現問題，投資人就應該考慮把手上的套牢基金，轉換到其他具有上漲潛力的基金上去。

第三招，不選單一穩定投資。

一般人在認爲定期定額投資基金時，選擇波動程度劇烈的單一國家或產業基金比較好，可以降低基金單位的平均成本，拉大將來基金走升時的獲利空間，但事實並非如此。

如果仔細觀察你就會發現，那些容易被套牢的基金，多半是波動度高的單一國家或產業基金，因爲產業都有景氣循環，甚至還會被淘汰，單一國家基金還很容易出現政經危機，比如最近的美國金融風暴，很多單一國家基金的表現非常慘澹，甚至被清算。

第四招，衛星基金設停損點，獲利才是目的。

假如投資人選擇單一國家或產業作爲衛星基金，一定要設立停損點，一獲利就了結出場。一方面能確保投資戰果，還能深刻認識該國或該產業的經濟基本面。隨時瞭解市場的最新動態，才能提高獲利的勝算。要想累積財富，衛星基金務必設好停損點，具體範圍可視投資基金而定。

第五招，月初扣款報酬要優於月中、月底。

很多二十幾歲的投資人，在決定定期定額投資後，都會遇上一個問題：月初、月中、月底哪一個才是扣款的最佳時間點？答案是：月初扣款最好，能讓你多賺一到兩個百分點！

爲什麼會出現這樣的現象呢？主要原因是月初股市通常處於低點，而月底因爲投資法人作賬關係處於高點。雖然長期下來，報酬率差異並不是很大，但是，這一到兩個百分點對投資金額本來就不多的年輕人是相當重要的。雖然錢不多，但至少可以抵消一些例如手續費之類的投資成本。

小小五招，讓「傻瓜投資術」變成聰明人投資致富的法寶，我們雖然年輕，但我們不能做傻瓜，有了好方法，不怕不賺錢，三十歲你也能成富翁！

第五章

年輕人！躲開理財的誤區

在財富之路上，我們要儘量躲開陷阱，繞過荊棘，就算沒辦法躲開，也要磨快自己的刀子，殺過去！學會躲避，很多情況下，就是成功！希望你能改變這些錯誤的理財觀念，越來越成熟，也越來越有錢。

◎不要等錢多時再理財，這樣你永遠不會有錢

二十幾歲，是人生最美好的時間段。什麼都很好，唯一遺憾的是沒有錢，大部分二十幾歲的年輕人都是薪水階級，上了大學，還有的研究所畢業，可惜，還是沒有錢。每月發的工資根本攢不下幾個，尤其生活在大城市裏，吃穿住用行，無處不用錢，沒錢何來的理財呢？

於是，許多年輕人都認爲理財是有錢人的遊戲，有大錢才能理，小錢無所謂，小錢不用管。也許你會說：「我那點死薪水，應付個日常生活開銷就差不多了，理財投資是有錢人的專利，和咱沒啥關係！」事實卻是如此嗎？

事實上，越是沒錢的人越需要理財，小錢更需要「關心」。不管你是幹什麼工作的，不管你賺多少錢，你同樣要面對教育、購房、養老等這些現實需求。有錢人可能很輕鬆地解決了這些問題，人家不用理財照樣有錢。但大多數人都沒錢，只能通過理

財來實現資產的保值增值，逐個完成人生目標。

理財和我們每個人都是息息相關的，貫穿於每個生活細節之中，比如少抽煙少喝酒，把省下的錢用於投資，這就是理財！理財不是有錢人的專利，所有的人都需要理財。

爲什麼沒錢的人更需要科學合理地理財呢？假如你有十萬元，但理財不當，造成了財產損失，很可能會危及到你的生活保障，連飯都沒得吃了。而那些千萬富翁就算理財失誤了，損失一半財產也沒什麼大不了的。在「經營人生」的過程中，越窮的人就越輸不起，窮人對理財更要嚴肅謹慎地去看待。所以，理財首先要學會理心——理財是伴隨人生最重要的大事！

你千萬不能把理財當做少數人的特權，有這種想法，那你就大錯而特錯了，那你就永遠不會有錢！

芸芸眾生，所謂真正的有錢人畢竟是少數，大多數人生活在這個社會的中下底層。初入社會身無固定財產的二十幾歲年輕人更不能逃避理財，即使微不足道的小錢也有可能「聚沙成塔」，運用得當甚至可以「鹹魚大翻身」！

認爲理財和窮人無關的人，有的確實沒錢，總是抱怨物價太高，工資再漲也趕不上物價變化，自怨自艾，恨不能生在富貴之家；還有的認爲自己賺錢自己夠花就行了，安心做自己的「月光族」，這是對人生不負責任的一種表現；還有的人憤世嫉俗、輕蔑投資理財，認爲這是追逐銅臭、俗不可耐，這是價值觀認識不正確的緣故。

實際上，這些人一方面都在深切體會著金錢對自己的巨大影響，另一方面卻又不屑於追求財富。陷入了自我矛盾的怪圈，只能庸庸碌碌，窮困到底！只有正視金錢，合理理財，努力賺錢才是一個二十幾歲年輕人應該做的事，再不行動就晚了！

一千萬元有一千萬元的理財方法，一千元有一千元的理財方式。二十幾歲的年輕人，不論收入多少，都要將每月薪水的十分之一存入銀行，保持「只進不出」，才能爲將來聚斂財富打下堅實的基礎。滴水成河，聚沙成塔，小錢也能變大錢！

總之，不要忽視小錢的力量，如果懂得充分利用，時間一長，效果驚人。最關鍵的問題是要有一個清醒而正確的認識和持之以恆的決心。給二十幾歲的年輕人一個忠告：不要等錢多時再理財，那樣你永遠也不會有錢！

◎錢不是省出來的——只存銀行不可取

在《摩西的書》裏，有這樣一個故事：

卡恩站在一家大型百貨公司前，羨慕地看著琳琅滿目的各式商品。在他身旁有一個穿著非常體面的紳士，抽著雪茄，也看著這些商品，不過顯得很悠閒。

卡恩聞到了雪茄的香味，恭敬地對這位對紳士說：「您的雪茄真好聞，想必不便宜吧？」

紳士說：「兩美元一支。」

「哦，真是……那您一天抽多少呀？」

「十支。」

「天哪！您抽多長時間了？」

「到現在有四十多年了。」

「真是太可惜了，您算算，如果不抽煙，這些錢足夠買下這幢百貨公司了。」

「那這麼說，您也抽煙？」

「我才不抽呢。」

「那您買下這幢百貨公司了嗎？」

「沒有啊。」

「告訴您，其實這幢百貨公司就是我的！」紳士笑著說。

不得不說，卡恩是個聰明人。因為第一，他算賬算得很快，一下子就能算出每支兩美元，天天十支，四十年的雪茄煙錢能買一幢百貨公司了；第二，他勤儉持家，懂得節省節約，並身體力行，從來不抽一支兩美元的雪茄。

你認為卡恩真的是個聰明人嗎？如果你有這樣的想法，也許你已經步入了理財的誤區！卡恩的聰明和紳士的聰明相比，你認為哪個才是你想要的？

當然，我們想要一幢百貨公司了！所以，省吃儉用是賺不到錢的，錢是靠錢生出來的！

勤儉節約是傳統美德，是每個人都應該養成的好品質，尤其是正處於人生初始階段的二十幾歲的年輕人。但是，我們除了要節儉外，更重要的是要靠自己的聰明才智去賺錢。那些只懂把錢存在銀行裏的人，是永遠也不可能成為富翁的！

高收益就意味著高風險。很顯然，大多數人都明白這個道理，而且都認爲把錢放在銀行裏是最安全的。但是你有沒有想過，把錢放在銀行裏也會虧損，通貨膨脹這個概念相信你也不會陌生，一旦物價飛漲，貨幣貶值，你在銀行的存款就會迅速消失。那爲什麼還有那麼多人仍然願意把錢存在銀行呢？實際上，還有這樣的原因：一方面明明知道存銀行就等於貶值，但是又不瞭解其他比較安全的投資管道。

錢是什麼？許多人認爲放在自己口袋裏或存在銀行裏的紙幣才叫錢。其實，存款只是資金存在的一種形式，也是一種投資，只不過放在銀行裏罷了，還有一些效率更高的投資方法可以「讓錢生錢」。

對於拿著固定工資的二十幾歲的薪水階級，可以做一些儲蓄，但是不要把錢全部都放在銀行裏。可以適當投資一些風險低、回報比存款利息要高的理財產品，投資這些理財產品比較安全，雖然得到的收益沒有絕對的保證，但收益率波動範圍並不大，而且收益率要比銀行存款利息高很多。

想在三十歲以後成爲富翁嗎？請你不要學習「聰明」的卡恩，請你不要把錢放在銀行裏，請你學會怎麼去投資理財，錢不是存來的，錢是賺來的！

◎總想一夜暴富，很容易被套住
——不要輕易相信股神的話

好，聽你的，不把錢放在銀行裏，那咱們就去投資！投資不是能發財嗎？投資是能發財，但是投資也不是一下子就能致富。二十幾歲的年輕人易衝動，經常犯這樣的毛病，所以，一定不能輕易就相信那些「股神」的話。

把錢都放在銀行裏或者換成黃金、珠寶存在保險箱裏的人，把安全、保障作爲第一標準，走極端保守的理財路線，可以說這樣的人完全沒有理財觀念。但是，把所有的錢投在股市或者基金中的理財觀念也是要不得的，一下子被套住，錢沒了，悔之晚矣！

首先我們要明白，理財不是一朝一夕的事，是一生都要做好的工作。對於那些夢想一下子就能變有錢的人只能去買彩票了，但是據國外經濟學家的統計，很多中彩票

一夜暴富的人在十年內將回到原本的生活。

對財富的過度嚮往，容易導致非理性的理財觀念。愛因斯坦曾說過：和智商在一百二十以上的人可以談物理，和智商在一百左右的人可以談文學，而和智商低於八十的人則只能談股票了。雖然有些片面，但也揭示了一些股民和投機者的姿態——跟風投資。

理財專家說什麼，你就信什麼；「股神」說該選哪個你就選哪個；現在流行什麼就投什麼。這種人雖然有投資觀念，但還不如沒有呢！而寧願冒風險，也不願從事低風險投資，希望「一夜暴富」的人，往往出現血本無歸、甚至傾家蕩產的情況。當然，並不是說不投資，只是提醒投資者在行動前必須熟悉自己投資的品種。炒股票，你要瞭解上市公司的基本情況；投基金，你要清楚基金公司的業績。一定要在投資前做好充分的準備。

巴菲特有一個重要的投資理念：在別人瘋狂時冷靜，在別人冷靜時瘋狂。投資市場綜合來看贏利的人總是少數。所以，如果不能戰勝人類的趨利秉性，進行冷靜的思考，很有可能賠光光！

知道目標是行程的一半，這句話同樣適用於個人理財。一些人爲了存摺上的那串數字像守財奴一樣斂財；有的人賺錢了就大肆揮霍，彷彿投資理財所得是「天上掉下來的餡餅」。這些都是不正確的理財觀。成功的個人理財必須建立一個科學、合理、長遠的目標，根據所定的理財目標去部署投資計畫，並付諸行動，最終實現發財致富的夢想。有了具體的目標，投資的時候才能更加理性，才能意識到現在所作的決定將與以後的生活息息相關，自然就能摒棄一夜暴富的狂妄目標！

理財不是一夜暴富。對於絕大數年輕人來說，應著眼於長期目標，將來你花錢的地方多著呢。不盲從，不驕縱，相信自己的理財能力，合理投資，才能提高未來的生活水準，實現養老、子女教育等長期財務目標。

理財也是一種生活方式，每個人都應保持「長期投資，分享收益，規避風險」的心態。

人類的欲望是無窮的，對財富的嚮往是無窮的，有一夜暴富的心態也是正常的。但是，賺錢的根本目的是提高生活品質，讓理財走上正軌才能真正享受生活。

不管選擇哪種投資方式，都不能犯了理財的大忌——急於求成，盲目跟風！「股神」的話可以聽，但要有選擇地聽，對自己有幫助的可以參考，但也不要輕信。自己才是自己最可靠的「股神」，踏踏實實，一步一步，三十歲當個名副其實的大富翁！

◎如何避免越理越窮——雙薪家庭理財的訣竅

「快生寶寶了，家裏應該裝個冷氣了，可是老公竟然叫我自己出錢。他還振振有詞地說：『我每天接送你上下班，你也沒付我油錢啊！』聽了老公的話，我覺得很寒心。」一位準媽媽在某個論壇上向網友們大吐苦水，雖然有點誇張，但從某些方面也透露出現在很多雙薪夫妻爲了「家用」負擔，而引起爭執的情景。

雖然兩個人各賺各的錢，但是花錢可不能各花各的。現在二十幾歲的年輕人有很多是獨生子女，從小習慣了「吃獨食」，結婚了以後難免會出現這樣那樣的問題。在理財的時候，尤其如此。我們的上一代家庭多半是男主外、女主內，雖然只有一份薪水，但是你不也上了大學了嗎？你家不也住上好房子了嗎？那點錢，還不是照樣贍養老人，短中長期理財目標幾乎都能實現。

現代家庭主流已漸漸演變成雙薪夫妻，各拿各的薪水，各管各的錢，結果兩個人都經常大歎「無財可理」、「愈理愈窮」！事實上，夫妻如果不共同理財，很難實現資產的增值。就像那位在網路上吐苦水的準媽媽所說，兩人連家用分攤都擺不平，何談共同理財呢？

雙薪夫妻理財越理越窮的根在哪裡呢？——家用分配！

一般來說，現在的雙薪家庭，夫妻各自都有自己的「小金庫」，把「公領域」和「私領域」分得很清楚，但年紀不同，私領域的多寡也不相同。一般年長夫妻的私領域比較少，年輕夫妻的私領域相對較多，這是對婚姻關係缺乏信心的緣故。可是組建家庭需要各式開銷，所以才會出現兩個人都捨不得從口袋裏掏錢的事情。

那怎麼才能找出合適的家用分配模式，避免越理越窮的事情出現呢？以前的家用分攤是「一方賺錢、一方管錢」的單一模式，現在的模式至少有六種，但是專家分析認為沒有一種是最合適的。每個家庭不同，理財的模式也不盡相同，而且還可以在不同階段採取不同的家用分攤模式。

下面為你介紹這六種模式，以供參考：

模式一：一人全權支配

這種方式適合婚姻牢固的家庭。掌握財政大權的，不僅要有理財能力，更要有無

私的精神，不能將資金和不動產都登記在自己名下，一旦出現問題，夫妻關係就很難長期維繫。

模式二：高薪者提供部分家用

賺錢多的一方給固定家用，不夠的部分由賺錢少的貼補，這種方式比較適合日常開銷穩定的家庭。但是賺錢多的最好不要大手大腳添購個人奢侈品。

模式三：高薪者負責所有家用

高薪者負責所有家用，妻子賺的薪水完全用在自己身上，適用薪水相差很懸殊的家庭。但是要注意：不能預先做好保障規劃，家庭財務會面臨很大的風險。

模式四：設立公共家用帳戶

夫妻建立一個共同的帳戶。看起來最公平，但爭執也最多，比如太太想買一套新的梳粧檯，用著更方便，應該屬於共同開銷，但先生認爲以前的那個還能用，沒必要買新的，這只是太太個人喜好，反對由共同帳戶支出。

模式五：各自負擔特定家用

各自負責某一方面的開銷，比如先生交房貸，太太負責一般家用。適合所得相近，各自負責開銷的金額也相差不大的夫妻。否則，仍然會時起爭執。

模式六：各自負責理財目標

如先生負責短中期理財目標，太太負責長期理財目標，這種方式可讓家用爭執降到最低，夫妻協力、專款專用，但雙方都要有一定的理財能力。

通過這些家用分配的方式，也許你就會發現一些家庭理財的訣竅，如何避免理財越理越窮，如何理財才是最健康的呢？請參照上述六種情況，看看你的家庭是那一種，但不管是那一種模式，都要有正確的認知，才能達成家庭和諧、夫妻共同理財的目標。

認知一：避免造成家庭財務風險

家用分攤，不能存有「將眼前帳單付清了事」的心態。一個家庭有兩個投資組合，潛藏著高風險。因爲缺乏中長期的理財目標，賺多少、花多少，攢不下錢，沒有積蓄，很難應對財政危機。因此夫妻在家用分攤時，要關心對方的消費和投資狀況，避免財務風險的出現。相愛才走到一起，有什麼事不能好好商量呢？

認知二：發揮共同理財威力

討論家用分配前，應該先取得中長期理財目標的共識。要把短中期開銷降到最低，儲備財富，以長期任務爲最重要目標，比如最沉重的房貸。

認知三：建立互信機制，夫妻理財模式可長可久

雖然現在離婚率很高，爲了財產出現的糾紛也不少，但只要互相信任，完全可以一起攜手開創美好生活。結婚以後，就像是開著一輛車上路，齊心協力，就能在油箱全滿的情況下，順利地達到目的地；否則就像油箱在不斷漏油，沒油了，生活也就中斷了。

既然結婚了，就要有共同生活的意識，不能處理好錢的問題，必然過得不是很開心，甚至走到離婚的地步。避免理財越理越窮，雙薪家庭理財——信任是關鍵！

◎投了保也不保險——解讀保險中的七大誤區

現在的保險業似乎有些混亂，從業人員更換頻繁，品種紛繁複雜，搞得人很頭疼，本來想去買保險，但又不知道買什麼，怎麼買，怕被唬弄，出了事又怕不賠償，很讓人費腦筋，所以乾脆就不買了。二十幾歲的人更是如此，認爲自己身強體壯，不買保險也沒什麼。還有的人把保險當成收益性金融產品，以是否划算來判斷一個保險的優劣。如果自己沒出事，沒得到理賠，就認爲自己賠了，買了保險不划算。

有這些想法的人，大多沒有樹立起正確的風險觀念，或者說對風險的認識還不夠。沒有正確的投保意識，很容易踏入理財誤區，直接影響投保人的利益，甚至保了險也不保險。那麼保險有那些誤區呢？

誤區一，隱瞞保險內容的實情。

《保險法》規定：「投保人故意隱瞞事實，不履行如實告知義務的，保險人有權解除保險合同。」所以，在投保中故意隱瞞保險內容的真實情況，想少交保費或出事後騙取保險金的投保者要注意了，隱瞞實情是不可能獲得理賠的！

誤區二，不仔細看保險合同條款。

據調查，有百分之八十的投保人對保險內容不是很瞭解，大多數都是在保險業務員或是親朋好友的遊說下購買的。險種對自己到底合適不合適，完全不明白，稀裏糊塗就投了保。

誤區三，保險險種越多越好。

投保時貪大求多，不考慮自己的承受能力，也是很多投保人的通病。注意自己的經濟情況，不能看到哪個險種有潛力就去「瘋投」，尤其是需要十年、幾十年的交費的那些長期投資險種，很容易蒙受經濟損失。按需要投保，按經濟能力投保才是正確的投保觀念。

誤區四，重複保險是「雙保險」。

《保險法》規定：「重複保險的保險金額和超過保險價值的，各保險人的賠償總額不能超過保險價值。」也就是說，不能在兩個保險公司投相同承保內容的險種，理賠時，兩家保險公司理賠的保險金額各承擔一半。所以，雙保險並不是你想像的那樣能得雙份理賠。

誤區五，多保就能夠多得。

本來你只有一百萬元的產業，可是你按五百萬元投保，一旦出現經濟危機，是得不到相應賠償的。因爲《保險法》規定，只能在實際價值範圍內賠償責任。多保並不能多得，甚至會倒貼！

誤區六，保主險不保附加險。

還有的投保人總是抱著僥倖心理，認爲選擇一兩個險種，差不多就行了。有了主險，應該沒什麼問題吧？實際上，誰也不能保證發生所投險種保險責任以外的事故，更不能得到保險公司的賠付。

消除對理財認識的誤區，不是一朝一夕可以做到的事。但二十幾歲的理財規劃，首先要考慮的就是風險，我們賠不起。社會的汪洋裏，大風大浪是常事，風險無處不在。雖然我們沒有能力預知、阻止風險的發生，但可以選擇保險去轉移、分散風險，以便發生損失時能得到最大程度的補償。

◎基金投資不是高收益儲蓄——如何躲避基金的風險

二十幾歲的時候你瞭解什麼是基金嗎？我們中的大多數對基金這個概念還不是很瞭解，對基金也缺乏必要的認知，對基金投資存在一些誤解。

基金這種金融商品，是將不同人的錢放在一起讓專家們代爲投資，再將投資得到利益分還給投資者。但是有很多人，不太明白基金投資的目的，往往把基金投資當做了儲蓄。有很多的投資者把原來用來養老防病的儲蓄存款全部用來購買基金，甚至向銀行貸款買基金，誤以爲基金就是高收益的儲蓄。事實上，基金是一種有風險的證券投資，和幾乎沒有風險的儲蓄完全不同。有幾點是基金投資者必須要注意的：

＊高估基金投資收益

前幾年股市持續上漲，基金平均收益率都達到了水準以上，還有不少的股票型基金報酬率竟然超過一倍。這就給投資者一種假象，把上漲的行情誤認為是常態，誤認為購買基金包賺不賠，從而忽視了風險。

＊偏好買淨值低的基金

還有的投資者認為基金淨值高的產品，價格貴，上漲空間也小，還不如選那些淨值低的便宜基金來的合算。其實，基金淨值和股票價格是不一樣的，反映了單位基金資產的真實價值。買入時，基金淨值的高低和投資基金收益的高低並沒有直接的關係，真正決定我們收益的是其持有期間基金的淨值增長率，這個淨值增長率主要是由市場情況和基金管理人的投資管理能力所決定的，可以說和什麼「幾元基金」沒關係。

＊用炒股票的方式炒基金

還有一部分投資者把基金當股票一樣來炒，「低買高賣」以獲取短期收益，結果

當然不是很好，頻繁地申購贖回很可能影響到基金的運作。基金投資是一個長期的漸進過程，會隨著市場的波動而波動，收益不可能一步到位。所以，基金投資者應該樹立長期投資的習慣和理念。

那又如何來防範基金投資的風險呢？

首先要認真學習基金投資的基礎知識，樹立正確的基金投資理念，然後根據自身風險的承受程度和個人偏好來選擇類別。風險偏好較高的可以選擇股票型基金、混合型基金等高風險基金，風險偏好較低的可以選擇投資保本基金、債券型基金等低風險產品。

現在投資基金的類別很多，讓人看得眼花繚亂，但我們要具備敏銳獨到的眼光，選擇適合自己的產品，理性投資。

任何事都是有風險的，何況有了風險才能回報，我們在投資的時候隨時要做好面對風險的心理準備，力爭將風險降到最低，讓財富保值增值。三十歲眼看就要到了，有志青年不開始你的理財規劃還等何時？選擇基金，也許是你最合適的方式。當然，更不要把基金當做儲蓄！

◎認真閱讀「產品說明書」，莫入預期收益誤區

小劉開始也不懂投資，每個月老老實實地把錢存進銀行裏。直到有一天，他去存錢的時候，發現銀行發行的外幣理財產品似乎很不錯，預期收益要比儲蓄高很多。於是，他就把剛到手還沒摸熱的薪水買了外幣理財產品。

等過了一段時間，小劉去銀行的時候，才知道自己的投資失敗了。原來，因爲匯率變化等原因，外幣理財產品並沒有實現「預期收益」，他幾乎沒拿到什麼收益。一朝被蛇咬，十年怕草繩，小劉以後再也不敢購買銀行的理財產品了。

實際上，小劉走入了「預期收益」的誤區。當初購買理財產品的時候對產品缺乏瞭解，後來再也不相信「預期收益」，這都是很明顯的理財錯誤。很多剛開始投資的二十幾歲的人都犯過這樣的錯誤，這也是不可避免的，就讓我們看看關於「預期收益」有哪些誤區：

誤區之一：凡是「預期收益」都有風險。

銀行監管部門有這樣一個要求：除了銀行儲蓄以外，其他多數理財產品均要用「預期收益」來表示。實際上，大部分穩健型產品的實際收益基本等於預期收益，而投資國債、金融債等理財產品有時實際收益還會大於預期收益。不能談虎色變，看見「預期收益」就害怕！

誤區之二：「預期收益」越高越好。

大部分理財產品預期收益都有一個收益區間，有些產品在宣傳時直接說「最高收益百分之十五」，這種高收益只是一種可能性而已，「可能」離真正的收益水準相差甚遠。如果產品運作不到位，再高的收益都是空話。所以，購買銀行理財產品時不要只看「最高收益」，不妨問一句「最低收益」是多少？想投資，還應對產品以及投資的方向進行分析。

誤區之三：不注明「預期收益」的產品不買。

也許你還會發現有些與境外股票或基金掛鉤的理財產品，沒有公佈「預期收益率」，或者只是籠統地說收益率是從零至無限大。這是什麼意思？這樣的產品能買嗎？很多人就認爲這樣的產品不能買。法律條款是這樣定義的：預期收益均不是承諾收益，僅是一種參考，真正能夠拿到多少收益還要看理財資金的運作情況。所以，這種理解觀也是錯誤的。

我們要明白，大多數理財產品的收益情況是和市場表現掛鉤的。理財產品說明書所說的那些個「預期收益」大多是在以往收益資料基礎上預測而得來的，所謂的「最高」更是最爲理想狀態下的結果。大家都知道，金融市場變化莫測，誰能保證理財期滿最終實現的收益呢？

那又如何避免走入預期收入的誤區呢？

投資者在購買理財產品之前，要認真研究產品和市場，還要結合自己的資金狀況和風險承受能力來考慮、購買投資組合。最主要的是明白——預期收益不等於實際收益！銀行的宣傳更不能代表合同內容，不具有規範的約定。

二十幾歲的投資者在購買理財產品之前一定要認真閱讀產品說明書。就像用一個新的電器那樣，看不懂就不會用甚至會壞掉。看明白了再投資，投資以後還要繼續關注所買的理財產品的資金流動方向，看看銀行把錢投向哪些方面，資金投入方向才是

理財產品收益率最直觀的體現。

◎二十幾歲年輕人理財三戒三宜

俗話說：「吃不窮、喝不窮、算計不到就受窮。」現在的生活水準自然要高出以前很多，那現在說這句話還有意義嗎？不聽老人言，吃虧在眼前。經驗即財富。學會怎麼理財，怎麼理好財，是每個二十幾歲的年輕人都應該關心的話題。理財需要算計，年輕人理財要做到三忌三宜：

一、忌炫富揮霍，宜未雨綢繆，居安思危。

二十幾歲的年輕人，很多都是獨生子女，從小家裏就比較富裕，沒有什麼經濟負擔，思想上更沒有什麼理財意識。喜歡攀比，穿名牌，用高檔，揮霍無度。尤其是剛參加工作的年輕人，自己能賺錢了，花起錢來一副大爺樣，往往還沒到月底已是兩手空空。這樣的年輕人不在少數，總認爲自己年輕，錢嘛，有的是機會去賺；還有的認爲爸媽有錢，沒了去拿就行。在這種思想的支配下，很難做到量入而出地去花錢。

像這種情況的年輕人應該多問自己幾個怎麼辦：有一天你失業了怎麼辦？你買房子沒錢怎麼辦？你的家人得了重病需要大錢怎麼辦？你想結婚沒錢怎麼辦？看你沒錢怎麼去應對，看你怎麼承擔應盡的責任和義務？再強大的國家都需要儲備，何況是一個小小的家庭呢。

二、忌好高騖遠，宜面對現實，聚沙成塔。

西方發達國家的很多富豪們，雖然日進萬億，腰纏萬貫，但在生活上還是非常「小氣」，節約水電，穿舊衣服，爲的是什麼？不僅僅是爲了子孫後代，更是一種居安思危、環保意識的體現。我們年輕人，雖然錢不多，但也要學習這種富人的理財觀念，從實際行動中實現理財。對於剛參加工作的人來說，可以把每月工資的一部分存入銀行。

儲蓄是最安全、最可靠、最簡單的理財方式。每個人初學理財，最好先學會把錢存起來，當然可根據個人情況，選擇相對安全的國債、債券等，因人而宜去選擇理財

工具。雖然簡單，但你必須去做，只有這樣才會有收穫。在生活中要學會花錢，樹立節約意識，儘量減少不必要的開支和浪費，聚沙成塔，小錢也能變大錢！

三、忌急功近利，宜深謀遠慮，謹慎從事。

任何一種投資都具有風險性，所以初學投資的時候，不能急功近利。更不要相信什麼所謂的「股神」、「預言家」的話，聽風就是雨，別人說什麼能賺錢，你就去投資什麼。自己不太明白的投資領域不要盲目涉足，以免賠個血本無歸。就像做生意一樣，不能看別人做什麼賺錢就去做什麼，盲目跟風，到頭來沒好果子吃。所以，不管進行哪一項投資都要考慮清楚，安全第一，謹慎從事總是好的，先保住口袋裏的錢再想著去賺錢，胸有成竹再行動也不晚。

在邁向財富的道路上，絕對不可能一帆風順，每一個想致富的年輕人都要在起步階段就樹立良好的理財觀念，按照「三戒三宜」，把好舵，開好船，相信在三十歲之前，一定能達到財富夢想的彼岸！加油，你也行！

◎二十幾歲年輕人不可犯的十二條投資鐵則

這個世界上沒有完美無缺的聖人，沒有人不會犯錯，錯誤的出現是不可避免的。尤其是二十幾歲的年輕人，正是初出茅廬的時候，更容易出現這樣那樣的失誤。在理財的時候，除了要樹立良好的理財觀念，還要掌握正確的投資方法。

避免犯錯是投資成功的重要一步，即使看起來很小的錯誤都有可能對整體的投資回報造成極大的影響。特別要注意下面這十二條關於投資的「軍規」，並改正這些錯誤：

一、沒有投資策略。

做任何一件事之前都要有一個規劃，小到油鹽醬醋茶，大到軍國大事，莫不如是。所以，每一個投資者在投資之前都要有一個科學合理的投資策略，用來指導自己

的投資方向和投資目標。這個投資策略應考慮到投資期限、自己的風險承受能力和未來的生活需求等。很多初學投資的年輕人對自己能達成的投資目標不清楚，或者定位過高。

二、投資於單個或幾個股票，不懂投資組合。

投資於單個或幾個股票會增加風險的強度。即使是上帝，也不能保證你買的彩票必然中獎，更何況是變幻莫測的股市呢？投資者應當投資一些由不同投資類別和投資風格構成的充分分散化的投資組合。當然，也不能單純地認爲，分散就是投資品種的繁雜，而是指投資品種分散於股票和債券之間、不同的行業之間。

三、投股票而不是投公司。

投資不是買彩票，中不了獎錢就沒了。投資更不是賭博，這不是一場非贏即輸的遊戲。投資的本義是讓你承擔一個合理的風險，爲你相信有成長潛力的公司融資的一種手段。投資面對的不是每天的股票價格的波動，而要分析公司和行業的基本面。如果抱著賭博的心態，只看市場走勢或者根據個人喜好購買股票，注定要失敗！

四、高了買。

投資的基本原則是「低了買，高了賣」。許多投資者卻不懂這個道理，他們認爲表現這麼優秀的投資標的還會大漲的，認爲過去表現好的投資將來也錯不了。其實，這絕對是一個錯誤的假設。在短期大幅的波動面前，投資者很容易隨波逐流，追蹤熱門股票，不由自主地拋棄了先前的長期投資策略。要明白，我們要看的是一項投資的未來前景，而不僅僅是它過去的表現！

五、低了賣。

聰明的投資者會意識到一支股在高價的時候也許很難再現，從而果斷斬倉快速出手。很多被套的人卻不明白這個道理，等到降到最低的時候才不得不出手，居安思危，始終設有停損點才是重要的。

六、頻繁交易。

頻繁交易不僅會影響自己的投資計畫，對自己的投資回報造成影響，還會擾亂投資市場。實踐證明，長期買入、持有的策略要遠遠勝於頻繁交易。年輕人心浮氣躁的毛病不改，吃虧上當的事常有。

七、依靠打探消息來投資。

很多人在投資前都是通過一些媒體或者是親戚朋友的傳播「鼓動」才作出投資決定的，以後也一直相信這些「小道消息」，並以此作爲唯一的資訊來源。這種想法是很不合理的，你聽說了，別人也一定聽說了，當你投資的時候，也許這個資訊已經反映到股價之中去了。

所謂的「內幕消息」看起來能使投資快速增值，事實往往並非如此。一定要記住，建立與投資顧問的良好關係，和那些背後有研究分析師團隊支持的專業人士密切合作，才是真正的「內幕」。

八、過於關注管理費和交易成本的高低。

既然想賺大錢，那些對投資有益或必須繳納的費用最好不要太小氣，你要知道，和你的投資相比，管理費微乎其微。還有，也不要對交易成本太放在心上，高瞻遠矚，想著賺大錢。

九、為了避稅而作出投資決策。

國內投資市場目前還沒有資本利得稅，只在國內投資的人暫時可以不用考慮這一條。

十、不切實際的預期。

投資者最好對投資持有一個長期的觀點，並且不讓外部的因素影響你作出突然或重大的策略改變。這個預期不能太高，一旦市場回落注定要大失所望，影響你的理財規劃。

十一、在不具備基本投資知識的情況下開始投資。

什麼都不知道就匆匆下注，看見別人賺錢了，你就去投資啊？所以，掌握一定的投資知識是非常重要的也是非常必要的，不打無準備之仗，不做沒把握的事，理財投資也是如此，錢說沒就沒了，你肯定不甘心！

十二、不瞭解自己真實的風險承受度。

世界上沒有無風險的投資。有的投資者認爲國債沒有風險，實際上從長期的角度看，國債面臨的通脹風險是最大的。你能承受多大的風險，你願意承受多大的風險，這些都要考慮清楚，承受風險的能力和意願共同決定了投資的方向和目標。

第六章

滾雪球效應——讓你小錢變大財

千萬不要再以自己沒錢做藉口了，小錢也是錢，瞄準那些穩賺不賠的小本投資，掌握滾雪球的秘訣，合理利用種種處理金錢的方法，相信三十歲時，你就能成為一個別人眼中羨慕的有錢人了！

◎滾雪球之前先攢下第一桶金

二十幾歲，你的第一桶金要像命一樣重要。誰都知道，不管幹什麼都需要一定的金錢做資本，沒有足夠的資金積累，何來理財？所以，必須要獲得人生的第一桶金。第一桶金是我們發家致富最關鍵的一步，對我們將來的發展起著至關重要的作用。

投資理財最重要的目的，無非就是追求財務自由。沒有足夠的資金，再漂亮的理財規劃都是一場幻影。對那些剛剛步入社會的年輕人或者月月光的薪水族來說，沒有積蓄和投資的基金，怎麼能去投資增值呢？沒辦法進行短期的投資，更不要說將來的致富夢了，恐怕連以後的生活都保障不了。第一桶金就是你升值的資本，沒資本，不要說什麼發財！

第一桶金是人生的第一筆關鍵性財富，也是學會理財的重要過程。對於年輕人來說，積累人生的第一桶金是需要相當大的毅力的，這個過程不需要多麼轟轟烈烈的計畫。只要下定決心每月固定存錢，強制自己儲蓄。雖然每個月的收入除了必要的生活開支，多花幾百塊錢或少花幾百塊錢對我們的生活沒什麼大的影響。但是，及時地把這些可花可不花的錢累積下來，也是一筆不小的收入。

存錢不能致富，但爲了致富，我們必須存錢。消費之前，要好好想一想，這些錢花得値嗎?該不該把錢花在這些消費上?當節約的習慣成爲了必然，相信你的儲蓄已經不少了。這些餘錢完全可以用來投資。這也是積累第一桶金的基本原則。

如果你是一個理財的初學者，不妨利用最簡單的定時定額存定期的方式，可在累積財富的同時學習觀察市場趨勢。比如，你每月定時定額把一千元投資在百分之六報酬率的基金上，十二年後，你就可以存到二十萬。開始資金比較少，可以少投資一點錢，等到資金寬裕的時候，增加每個定期定額的金額，能夠起到縮短累積財富的時間。

雖然，有很多理財專家都說年輕的時候風險承受能力強，但在賺取第一桶金的時候，千萬不能這樣想。寧可保守一點，保住自己的本錢才是最重要的。保守投資的人遠比那些甘冒風險胡亂投資的人更容易累積到自己的第一桶金。

除非有上帝眷顧你，讓你買彩票中大獎，白白送你一大筆錢，否則，誰都得老老實實、腳踏實地地慢慢積累財富。賺取了你的第一桶金，才能通過儲蓄或者是其他各種各樣的理財管道，使錢生錢，利滾利，才有機會生出更多的錢子錢孫。對於二十幾歲的年輕人來說，初涉職場，先設法提高自己的能力，擴大自己的視野，增長自己的核心競爭力才是累積第一桶金的最實際的做法。

在短時間內無法積累起自己的第一桶金的同學不要著急，更不要沮喪。認真努力地工作，增加自己在職場的不可替代性，提薪加錢，存錢養錢，相信同樣有機會賺取人生的第一桶金！就算不能加薪，也不要放棄，那就多積累人脈，投資自己，總有辦法完成第一桶金的積累。

把第一桶金當做你的命一樣看待，沒用第一桶金，你的雪球就無雪可滾，第一桶金是你升值的資本！

◎給二十幾歲新鮮人的理財建議

二十幾歲的新鮮人，賺了點小錢，也有了一些儲蓄，有的寄給爸爸媽媽，讓父母幫自己打理；有的自己存起來，以備不時之需。事實上，大多數父母還是存在銀行裏，以便將來給孩子買房置地。不管怎麼樣，錢還是躺在了銀行裏睡大覺。只不過，地點不同而已。

還有一些年輕人希望通過理財讓這些資金多獲取一些收益，可是自己又不懂怎麼理財，盲目去投資，賠錢不合算，想讓小錢變大錢，還需謹慎來打理。

「那麼點錢能幹什麼？做生意，我不會啊；炒股我怕風險；基金是什麼？」錢少似乎什麼也幹不了，但是金額小就意味著無財可理嗎？錯！只要選擇合適的理財產品，小金額理財也能走出自己的一片天！不信的話，就教你幾招：

小招之一：根據風險承受能力，構建適合自己的投資組合

這一招的意思是讓你控制好風險和收益的關係。如果你想追求穩定收益，可以投資一些貨幣市場基金。這些基金大部分年收益率都超過了百分之二，而且流動性好、風險低、收益平穩。最主要的是進入的門檻相當低，非常適合小金額投資的年輕人，只要一萬元就可以投資。如果參與定期定額買基金，更可能低至幾千元。

小招之二：合理選擇銀行儲蓄品種，優化資金使用

現在很多銀行都有小額理財品，自動將客戶存入的資金由活期存款轉爲定期存款，能最大化提高存款收益率，實現輕鬆理財。這些儲蓄品種都能夠使資金優化，實現小錢的增長。

小招之三：儘早獲得能帶來收益的不動產，坐享「被動」的收入

有了不動產就能坐著收錢了，所謂「被動」就是不用主動付出勞動就可以獲得收入。包括房租等。

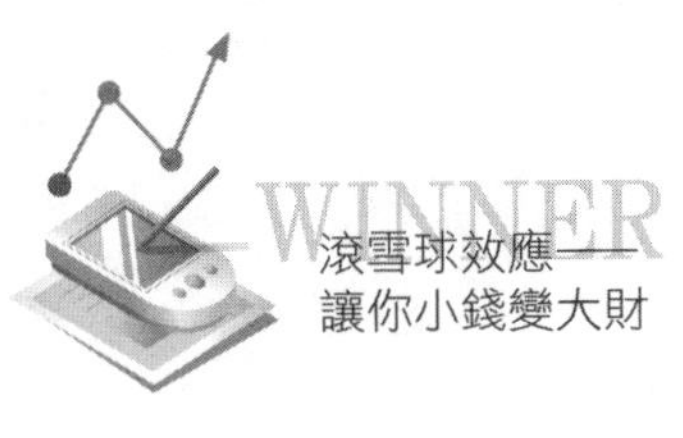

小招之四：選擇信用卡作為支付手段也能「積少成多」

合理使用信用卡，不僅節省時間，還能賺取不少利息，因爲信用卡都有一段時間免息還款期。許多信用卡還有刷卡積分換禮品、打折優惠等活動。

小額理財還要記住幾個要點：

一、安全性。沒錢的人閒置資金少，還指望著小錢實現「錢生錢」，風險承受能力相對來說就小些，因此要把安全性當做第一要務。

二、流動性。小額理財也可以滿足流動資金的需要，對那些有錢的投資人來說，流動性和收益性同等重要。

三、以整拆零，分散風險。把所有資金投資到一個產品上，就等於把風險也集中到了一起，把資金分散到幾筆小額投資上，合理組合，能起到穩健獲益的良好效果。

四、小額外幣要規避貶值風險。外幣投資警惕匯率變化，建議小心謹慎爲好。

小額理財不容易，不管是投資什麼項目，都要謹慎打理，小心血本無歸。你的錢就是你的命根子，想在而立之年成爲一個富人，請務必保持這種良好的習慣！

◎複利投資——日進斗金的秘密

現在的新生代富豪們一直在強調：複利投資才是邁向富人之路的「墊腳石」。爲什麼複利投資有這麼大的作用呢？先讓我們來看看複利的概念。

複利是一種計算利息的方法。按照複利的計算方法，利息除了根據本金計算外，新得到的利息同樣可以生息，因此俗稱「利滾利」。複利計算的特點是：把上期末的本利作爲下一期的本金，在計算時，每一期本金的數額是不同的。雖然概念很簡單，也很容易理解，但是在各種投資理念中，複利也是最容易被人看輕的。

一項投資的成敗包含了很多因素，但有一個原則是永遠不變的——在跟時間的鬥爭中，誰的忍耐力強，誰就能獲得成功。投資一年就必須收回本金和十年收不收本金都無所謂的投資者相比，誰成功的可能性更大呢？當然是十年的投資者了！長期投資能夠充分享受時間效用，也能創造更多的價值。「複利」也是最能體現時間就是金錢這一真理的「商品」。

一般來說，投資時間越長，投資回報率就越多。因此，在複利投資上，一定要盡可能地延長投資時間。這就跟酒越釀越醇的道理是一樣的。複利還具有「四兩撥千斤」的效果。雖然一個投資產品的複利收益率只比別的投資產品多零點一個百分比，但在最終收益決算的時候，卻能獲得比別的投資產品高數倍乃至數十倍的收益。因此，在投資的時候，你一要選擇哪怕是投資收益率只高零點一個百分比的複利投資產品。因此，投資的時間越早，並且每年的追加投資都採取複利投資的方式，你會獲得巨大的財富和前所未有的成功！

◎做「烏龜」別做「兔子」，年年賺錢最重要

大家都知道龜兔賽跑的故事，其實，富人和窮人理財的時候，也會有類似這樣的情況發生。烏龜爬得雖慢，但是一直在爬，錢也一樣，雖然賺得不是很多，但是一直

在不停地增值。兔子跑得快，但是跑一會就躺著睡大覺，錢賺了一筆，但以後的機會就沒了。

真正的富翁在理財時是不會在乎一年的報酬率是多高的，他們注重的是「持續性」的增長，也就是說「年年賺最重要」。尤其對二十幾歲這個年齡層的人來說，這是一個很重要的理財觀念。毋庸置疑，這個觀念是十分科學合理的！

以股市的遊戲規則，今年大漲，明年必是調整年。再不計後果地加碼，很可能會賠錢。富翁們的理財方式可不大一樣，雖然旺市的回報沒有老百姓高，但等到股市下調，照樣能維持增長。二者之間的結果慢慢會體現出來，「烏龜」肯定比「兔子」賺的錢多！

初學投資的年輕人還有這樣一種心理：把股場當賭場，投資什麼產品的時候，首先考慮的是利潤，而不是風險。富人理財，首要考慮風險，然後才是利潤，投資第一不虧本，第二才是回報。普通人想著今年運氣好的話就賺它一大把，沒有理財技術，靠運氣很難做到年年賺錢。富翁卻想著年年賺錢，雖然每年回報不一定很高，但爲了平衡風險，穩妥一點是很有必要的。

巴菲特的理財觀念就是典型的「烏龜型」，他的平均年報酬百分之二十五，但維持了七十年。雖然有很多投資人某一時段的回報比他還要多，但不能長期維持，只是偶然賺一把。再來看看美國幾所大學的基金增長率：耶魯大學每年平均增長百分之十七點二；哈佛大學基金每年平均增長百分之十五點二；普林斯頓大學基金每年增長百分之十五點六。

也許你會說，這些數字能代表什麼？但是看到這個資料，你就明白爲什麼「烏龜」比「兔子」賺錢了。美國耶魯大學的基金，二十年前只有十億美元，到現在卻有兩百多億美元，靠的就是這每年百分之十七點二的增長。

其實，理財秘訣只有三條：

一、每年儲蓄五萬元；

二、不要冒太大的風險，年年賺百分之十以上；

三、維持十年以上。

人人都能成爲百萬富翁，關鍵看你有沒有當百萬富翁的勇氣！在都市生活的每個白領每年儲蓄五萬元並沒有多大的難度，剩下的就看你投資的本事了。不管投資那些細節有多麼複雜，抓住一點，你就能成爲市場上不敗的神話——做「烏龜」別做「兔子」，年年賺錢，財富的雪球才會不斷滾動越來越大！

◎人閒錢不閒，過節早打算

你休假的時候，錢在幹什麼？每逢節假日，人們都想通過一些娛樂活動來釋放長期工作、學習的壓力，但人閒著的時候可不能讓你的錢也閒著。那麼過節的時候應該如何理財呢？按照不同的時間段，理財方法也要加以區別。

＊節前：流動和安全。

年輕人在過節的時候大多喜歡出遊，走親訪友，觀光遊覽，對於現金的需求比較大，因此節假日前理財一定要保證資金的流動性。當然，也不是把所有的現金都放在手上，最好的方法是通過各種理財手段進行平衡。把過節需要的現金留出來，剩下的可以拿來購買貨幣基金或者辦理通知存款。

節前理財，除了要保證錢的流動性，還需要關注錢的安全性。出門的時候，家裏

的汽車、高檔名表、金銀首飾、古玩字畫、珠寶玉器等貴重物品，可以通過典當等方式代爲保存。既保證了財產的安全，也能獲取一定的流動資金。如果還不是很放心，還可以購買一些交通意外險、自助遊意外險等短期保險品種，花小錢避免大損失。

＊節中：便利和國際。

國慶、春節長假，很多人喜歡全家出遊，花費也是一筆不小的數目，花錢不可避免，鑒於異地取款和攜帶現金的不便，信用卡就成爲了人們的首選。信用卡不僅能真正方便自己的長假消費，還能節省一些不必要的支出。如果打算在家休息，可以關注一下網上書店、網上銀行等，爲你的理財規劃添磚加瓦。玩樂的時候也不要忘了你的錢，時時關心國際市場，即使不能馬上交易，也能隨時把握行情。

＊節後：回顧和前瞻。

過完節了，玩得也盡興了，這時就需要對節中的消費理財做一些仔細的檢查。看看自己到底花了多少錢，信用卡的餘額、現金的使用情況等，還有在節前典當的物品，也要及時地贖回。

人閒著，錢不能閒著。賺錢的秘訣就是讓錢不停地流轉，像滾雪球一樣越來越大，過節的時候更要早作打算。沒有人是天生的理財專家，只有通過不斷地學習才能達到一定的程度，年輕人即使沒有經驗也不要緊，時時做好戰鬥的準備，不放過任何時機，過節也理財，致富不遙遠！

◎最簡單的或許最賺錢，小額定存有門道

股票和基金一直被認爲是投資理財的最佳途徑，小王也是這樣想的，也是這樣做的，他把自己的餘錢大部分都投資在股票上面，但是最近股市動盪，收益出現負增長，小王慘不忍睹。

「買股票竟然沒有我銀行裏的定期存款賺錢，真是奇怪了！」

事實上，最簡單的或許最賺錢，小額定存簡單卻有大道理。

小額定存不是說存了錢就算完事了，想獲取利益，還應該巧算利息，挖掘小額定存裏的大道理。

也許你會不以為然，這能理出幾個錢啊？吃利息能發財啊？存銀行不是最差勁的理財方法嗎？是的，確實如此，錢不能存銀行，但我們要知道，小額定存不同於單純的「存」，這種方法幾乎適用於所有人，尤其是資金不多，不願承受風險或風險承受能力小的二十幾歲的年輕人。

小額定存的方法對職場新人來說，是個非常不錯的選擇，更適合積累財富的年輕人。由於職場新人對基金和股市瞭解不是很深，還處在起步階段，資金積累也不多，比較適合「小額定存」。

財富是需要累積的，買彩票中大獎的人能有幾個？沒有人能隨隨便便成功，也沒有人能輕易地登上財富的巔峰。小額定存就是要讓你的錢生錢，讓你的錢滾起來，讓你及早脫掉窮人的帽子！三十歲，我們一起做富人！

◎找到窮與富的平衡——拯救窮忙生活十大策略

不知道你會不會經常發出這樣的感慨：「工作、生活，沒有一樣可以讓我感到欣慰，我的人生簡直糟透了，真想遠遠離開這些煩人的東西，到荒島上隱居起來。」一位白領這樣說：「我覺得自己一無所有，就像一個空空的軀殼。每天穿過熱鬧的人群，卻感覺自己如此的孤獨。我不知道該怎麼面對自己的生活，更不知道怎樣改變這樣的生活。我不只一次地問自己，卻總是找不到答案？」

這個世界不是平的，社會總有階層，總有窮和富的差別。當你羨慕別人的成功財富生活，面對現實的種種壓力時，又該怎樣拯救自己的窮忙生活呢？

一、思考你想要的生活

如果你對自己現在的生活狀態不滿意，甚至到了絕望的時刻，那麼請相信你自己！這個世界上最好的療傷醫生就是你自己。能夠決定自己命運的人，不是耶穌，更不是釋迦牟尼。因此，請不要抱怨生活，多些思考，多些行動，過你想要的生活並非什麼難事！

二、明白你為誰工作

「職場上最悲哀的事情，就是你無法選擇你的老闆！」你認爲這句話對嗎？如果你覺得是對的，那你永遠也成不了富翁！因爲遭遇一些不公平待遇，每天憤憤不平，這種工作狀態哪個老闆也不會要你！要知道我們工作的價值在哪裡。工作的意義，除了滿足我們自身的生活物質需求外，更是表達自我社會意義的一種價值認同。因此，必須把工作作爲一種動力，在工作中追求自我成就感，當然就不會因爲「老闆」的原因忘掉工作的實質目標。

三、找到「窮」與「富」、「忙」與「閒」的平衡

「窮」與「富」，「忙」與「閒」有絕對意義上的劃分嗎？有錢到底意味著什麼，每個人都有不同的見解。其實，就有錢而言，有一個最讓人吃驚的事實：人們總認爲比自己現在的錢更多的那些人便是有錢人。如果你現在對有錢的定義是每年賺

一百萬，一旦達到賺了一百萬，你對有錢的定義立刻會變成每年賺一千萬！錢用來幹什麼？錢怎樣改變你的生活？生活不是確定一個數字，然後拼命朝這個數字去努力！

四、你必須積累財富

在這個經濟社會，財富是提升我們生活品質的必需手段。雖然金錢不能帶來全部幸福，但是沒錢你絕對不幸福！這也是大多數富翁宣導的理財理念，理好財，你不僅能享受到財富增長的樂趣，更能享受到財富帶來的品質生活！

五、適時地控制欲望

如果你認爲，通過滿足欲望的手段就會取得幸福，那你永遠也不會幸福！比如要住豪宅，買到了便覺得幸福，那爲什麼很多名人和富翁都住著豪宅還去自殺呢？那爲什麼全世界沿著這條路走的大部分人都解決不了幸福的問題呢？欲望永遠比滿足欲望的手段跑得快，而且欲望是永遠滿足不完的。所以，必須學會控制自己的欲望。

六、清晰的人生規劃

這個世界時時刻刻都在不斷地變化著，對於未來我們很難掌控。但是沒有目標，沒有規劃的人生是不可能有未來的！有規劃的人生最快樂，每當你為自己制訂一張清晰的人生規劃圖時，你便完成了一次「找自己」的過程，而追逐夢想本身就是一種幸福。

七、持久的耐力

英國最年輕的白手起家的百萬富翁湯姆·哈特利曾說過：「要想成功，必須有目標，並為實現目標不懈努力、持之以恆。」持久的耐力是每個成功者的必備素質。

八、良好的人際關係氛圍

每個人都是一個社會人，每個人都需要交際。良好的人際關係，是我們財富道路上的良師益友，更是我們在生活中可以分享成功喜悅、承擔挫折的強大支撐！

九、培養自己的業餘愛好

把個人愛好和工作相結合是人生的一大幸事，事實上，大多數人都被繁重的工作所累而忽視了自己的愛好。每個人都有自己的愛好，抓住這些興趣點，不僅能為枯燥的工作生活增添亮色，更可能將其發展成為成就你一生的事業。

十、不斷挑戰自己

對於什麼是幸福、什麼是完美的生活，從來都沒有什麼標準答案，但只要你保持平和樂觀的心態，擁有不斷挑戰的動力，享受快樂的財富人生不是夢！

拯救你自己，依靠你自己，二十幾歲的人生才剛剛開始，財富的夢想才剛剛啓動。現在「窮」，不能代表將來的成就，現在「富」，不能代表將來的人生。找到窮與富的平衡才能拯救你的窮忙生活，健康生活，科學理財，實現你三十歲的富翁夢！

第七章

二十幾歲年輕人一定要懂得的理財聖經

六千年前，大富商薩魯納達昂首闊步走在古巴比倫繁華的大街上，街道兩旁的小販們眼光中滿是崇敬，女孩們的眼中滿是愛慕……這位巴比倫首富很喜歡這樣的眼光，財富確實是個好東西！

◎讓銅板像羊群一樣繁衍不息

在偉大的巴比倫文明中，巴比倫王朝創立了前所未有的輝煌與燦爛。通過一些考古學者的挖掘，在巴比倫城遺址下發現了三千多塊泥板，這些泥板記載著巴比倫王朝的歷史、神話、歌謠、頌詩，更爲重要的是一些巴比倫首富們的財富秘訣和理財忠告。

這些刻在泥板上文字，生動地展現了偉大的巴比倫文明，也揭示了一些賺取財富的真正智慧！失落的財富或許無法找回，但獲取財富的方法能夠永久流傳。二十幾歲，是一個吸取經驗的年齡，吸取先人的智慧尤爲重要，翻開巴比倫偉大的財富聖經，也許，我們就會發現財富的獲取並不是很難！

下面這個故事就來自於巴比倫泥板，讓我們看看古人是怎樣理財的？

農夫希拉欣喜地看著自己的兒子出生了，但是家裏很窮，他怕將來兒子也像自己

一樣窮，於是，希拉向村裏的智慧老人打聽，自己該怎麼辦？老人建議他把節省下來的十塊銀錢拿給經營貸款業務的錢莊老闆薩魯納達，請求老闆幫他放款，在兒子二十歲之前不要動。希拉跑到了薩魯納達那裏，請求老闆能幫助自己。老闆答應每四年支付給他二成五的利息，還許諾把利息一律歸到本金裏面。

等這個男孩長到二十歲的時候，希拉到錢莊老闆那裏取錢。這時，他驚奇地發現，最初的十塊銀錢現在已經變成了三十一塊銀錢。

薩魯納達笑著對他說：「這筆錢是按照複利計算的，這些錢是你應得的，不要這麼吃驚！」

希拉喜出望外，簡直不敢相信自己的眼睛。由於他的兒子暫時還用不上這筆錢，於是希拉繼續把這筆錢存放在錢莊。等希拉死去的時候，他的兒子已經四十五歲了。希拉的兒子到錢莊去取錢，薩魯納達結算給希拉的兒子銀錢已經達到了一百六十七塊。

由最初的十塊到四十五年後，這筆錢增值了將近十七倍，這就是財富的秘訣——讓所有的銅板都爲你效力，並讓它們不停地輾轉生息。那麼，你的錢也會像牧場裏的羊群那樣繁衍不息。

二十幾歲的時候，大部分人的經濟情況都像這個農夫一樣，錢不多，但是錢少不一定就不能理財。請記住：儲存財富越多，從各種途徑流進來的錢財也就越多，這也是古巴比倫偉大的財富智慧之一。

刻在泥板上的古老智慧還告訴我們，每一個富人的成功都不是偶然的，每一分都要將其運用在最有價値地方。

不論是巴比倫首富還是現代的富翁都斷然不會僥倖投機，以免使自己的資產遭受損失，也斷然不會把錢財投資在毫無獲利性的專案上，更不會把錢財投注到看起來可以得到超常回報的誘惑與騙局中，因爲他們知道，所有一夜之間就能讓人成爲暴發戶的投資項目都是不可信的，這些項目的背後極有可能隱藏著巨大的危險。這個世界上也不可能有天上掉餡餅的好事，就算買彩票還得有本錢呢！

二十幾歲的你，如果擁有金錢卻不善於投資運用，或者缺乏理財經驗，千萬不能盲目地信賴自己的判斷力，把錢財投資在自己不熟悉的項目上。這些古老的刻在泥板上的財富智慧不僅僅是秘訣，還是所有渴望致富的人都必須學會的而且是遵行的真理。當你掌握並運用它們之後，也許，在你三十歲的時候，一個新的富翁就誕生了！

◎任何一個富翁都心知肚明的財富秘訣

你有沒有興趣知道那些富翁是怎麼賺錢的？你想知道他們財富背後的真正秘訣嗎？實話告訴你，他們確實有秘訣，儘管任何一個富翁都不願意把自己的致富經告訴一個外人！雖然每個富翁的致富方法都不盡相同，創造財富的途徑和行業也不相同。但有一點是絕對相同的。下面就爲你揭開這個相同點，也就是財富背後真正的秘密！

流浪漢阿木從遙遠的家鄉小鎮來到了大城市。他已經兩天沒吃飯了，終於體力不支昏倒在一位富商的門前。很幸運，這是一個很開明的富商。阿木醒來後，對富人表示了感謝，希望富人能給他點錢。

富商對他說：「我有錢，你打算要一元還是一萬元？」

流浪漢完全呆住了，他沒想到會遇到這樣慷慨的好心人。他有些不好意思地說：「您給我一萬元吧。」

富商看了他一眼，遞給他一塊錢和一張名片。

流浪漢阿木接過那張精美的名片，久久沒有說話。他不敢相信，這就是傳說中的富人嗎？

富人的目光盯著阿木，並對他說，「這是一塊錢，這是九千九百九十九元。」

「這張名片真的能值這麼多錢嗎？」

「只要你照著做下去，也許不止值九千九百九十九元。」

這張名片上寫著這樣一行字——發揮所長，勤勞致富。

如果富商真的給了流浪漢一萬元，這些錢也許能花一陣子，但是花完以後呢？阿木仍然在流浪乞討，給了錢流浪漢就會覺得，金錢唾手可得，花起來也會毫不珍惜。有不勞而獲的想法，再多的錢也「不夠花」。雖然這個故事不一定是真的，但是它告訴我們一個道理：富人的錢也是靠勤勞得來的，也來之不易。

每個崗位上都有出色的人才，每個行業都有有錢人。行業無貧賤，賺錢才是王道！不管幹什麼工作都有發財的機會，就看你有沒有敏銳的洞察力和持之以恆的決心。現在有些年輕人卻並不這樣認爲，大學畢業連工作都找不到，還談什麼發揮所長、勤勞致富啊？一邊享受著父母提供的美食，一邊抱怨這個社會。

蜘蛛結網有可能逮不到昆蟲，但蜘蛛如果不結網就永遠逮不到昆蟲。沒有工作不要緊，怕的是不去找工作，不奮力拼搏，永遠也不會成功。學會享受工作，才能體會到財富的重要性，才能學習到掌握財富的方法！

看看那些腰纏萬貫的富人，並不是所有人都有豐富的知識和高學歷。甚至有不少的「老闆」大字不識一個，可就是這些「文盲」憑著聰明的腦袋和勤勞的雙手，白手起家，成就了一番事業。就像那些「靠撿垃圾」發家致富的人，沒多少文化，也沒什麼財富規劃，但他們踏踏實實，勤勞致富。雖然在很多人眼裏這不是很體面的工作，但正是這樣的「垃圾活」給他們帶來了許多體面人所沒有的巨額財富！

勤勞就是財富背後的真正秘密！雖然看起來很平常的兩個字，但是擁有非凡的魔力。堅持這一信念的人既可以解救自己於苦難，更可能成就自己無限精彩的人生，擁有數不盡的財寶！一切財富的積累都是從辛勤工作開始的，越是積極努力的工作，就越容易賺取更多的金錢。那些懶惰和厭惡工作的人，是沒有資格，也沒有權利獲取金錢的。

二十幾歲的人，可以沒有資本，但不能不勤勞，只要我們堅持不懈地去努力，去奮鬥，去拼搏，總有一天，「財富的樹上」會碩果累累！

◎二十幾歲，應該如何正確認識金錢

在這個星球上，誰都離不開錢！別不信，就算你想學野人，沒有獵物可打，沒有野果可摘，什麼不要錢啊？每個人每一天的生活中都離不開錢，就算一個小孩也明白錢的重要性，但每個人對待金錢的態度或許都不盡相同，有的人視財如命，有的人視錢財如糞土；有的人慳吝小氣，有的人花錢如流水；有的人不把錢當錢，有的人把錢當祖宗！

現在絕大多數人都把金錢當做自己一生夢想的全部，以爲錢賺得越多，自己就越成功，有錢的是大爺，沒錢的是孫子，事實上，在無形中就把金錢當做了自己的主人。被金錢所奴役，不計一切手段去賺錢，最後又用毀壞健康的方法去花錢。

當然，還有很少一部分人自命清高，認爲金錢是罪惡的源頭，這些人不會賺錢，也不會花錢，被自己所謂高尚的價值觀所拘束，事實上，這樣的人已經不屬於這個現實的世界了。

二十幾歲，我們該如何正確地對待金錢呢？

剛剛走上社會的年輕人出於生計所迫不得不去拼命地賺錢，雖然很苦很累，但這是生存需要，是最基本的保障，不能說成爲金錢的奴隸，恰恰相反，錢是生命中最寶貴的東西！等你有了一些積蓄，發現不能滿足自己日益增長的需求的時候，就可以利用手中的錢，去獲取更多的賺錢機會，但只能把錢花在基本投入上，讓錢得到充分利用。

現在很多人，有錢就到處炫富，把錢看做是自己的主人。認爲這個世界沒有什麼買不到的，錢就是一切，其他事情都與自己無關。日思夢想全是錢，貪得無厭，處心積慮地撈錢。更有一些年輕人認爲錢就是快樂享受的保障，所以來得容易花得也快，實際上錢對他們來說是災禍的根苗，一旦沒錢，就會陷入僵局。

二十幾歲的我們該把錢當做自己的主人，還是把錢當做自己的奴隸呢？

其實，只要我們明白，金錢只是一種交易工具，金錢的出現只是爲了人服務的，賺錢不是目的，但必須是手段。很可惜，很多人不明白這個道理，心甘情願地去當錢的奴僕，爲了金錢無視法律，藐視道德，做出一些違背良心的事。

如果主人與奴僕顛倒了位置，惡奴就會膽大包天幹出許多壞事。因此，二十幾歲的人一定要認清應該認清金錢的面目，找出自己的位置，讓金錢成爲人的奴僕，多做一些對自己，對別人有意義的事，實現自我的價值。

只有把金錢當做一個心甘情願爲你工作的奴隸，讓它時時刻刻爲你殷勤不懈而且甘之如飴地工作，這才是一個有錢的人真正秘密。事實告訴我們，凡是能夠謹慎地保護財富，且科學合理地進行投資的人，財富必會牢牢地攥在他的手裏。

二十幾歲，你也可以把金錢當做自己忠心耿耿的僕人，讓金錢在外面爲你奮力打拼，你待在家裏舒服地看電視，聽音樂！

◎忠實地守護你的金錢

巴比倫首富們是如何守護自己的金錢的呢？看完下面這六點，也許你就會明白自己的錢爲什麼不見了，也許你就能學會保住金錢的方法。

一、幫朋友可以幫，但是絕不能把朋友的負擔完全轉嫁到自己身上，最後變成了自己的沉重負擔。

二、別隨意借錢給朋友，這樣做，常常會使你不僅丟掉金錢，而且也可能影響你們的情誼，甚至失去這個朋友。

三、可以借給錢的三種人：擁有的財富遠遠大過於所借款項者；有一份持續而穩定收入工作者；可以提供抵押品或者可靠擔保者。

四、千萬不能借給錢的三種人：一直糾纏在苦悶情緒之中、麻煩不斷的人；缺乏足夠知識、經驗和能力的人；債臺高築而又無力償還的人。

五、如果你擁有一筆可觀的錢財，請遵守三條原則：第一，確保金錢安全無恙；第二，儘量用金錢來賺錢。第三，如果第二條沒有把握做到，請回到第一條。保住金錢是創造更多財富的前提，如果你沒有把握做到金錢的增值，那就保值。

六、請記住一句極其重要的格言——永遠謹慎一點，遠勝過追悔莫及。這句話在任何情況下都適用於守護金錢的人。

守護金錢最好的方法，是讓你的錢動起來，別以爲存在銀行裏就萬無一失了，通貨膨脹很可能會縮水。最好的方法是讓你的錢增值，投資在賺錢的項目上，想不發財都難了。沒有資金的話，可以選擇一些需要資金少或者幾方合作的投資方，分紅也能增值。賺錢沒有什麼難的，讓錢不斷地去生錢就是了！

二十幾歲的人學理財，首先要學會培養省錢、存錢、錢生錢的好習慣。儲蓄是加法，投資是乘法，加減乘法小學生都會，更不要說已經工作的年輕人了。忠實地守護你的金錢，讓你的金錢去生錢，讓我們在三十歲的時候都成為有錢人！

◎治癒貧窮的七大理財妙方

窮人，窮人，說出來多麼令人難堪！貧窮，在這個物欲橫流、金錢至上的社會，幾乎成了無能的代名詞。不能說貧窮是萬惡之源，但貧窮確實讓很多人不快樂。因爲貧窮沒錢治病，因爲貧窮上不起學，因爲貧窮甚至去自殺……貧窮實在不是一件光彩的事。

在我們周圍就有很多這樣關於貧窮的故事，苦難的生活襯托一些親情、友情、愛情的珍貴，讓人動容心酸、淚水漣漣，不由自主地爲這些窮人感到難過，心情久久不能平靜。這都是貧窮惹得禍！如果這個世界上每個人都很有錢，哪來的這麼多不幸的事情？

事實上這是不可能的，這個世界不可能完全的平等。財富屬於那些爲金錢十二分努力的人的，如果讓那些沒有資格擁有金錢的人享受同樣的待遇，這才是真正的不公平！

生下來就是窮人不可怕，可怕的是一輩子當窮人。貧窮是一種羞恥，一個沒有錢的人在這個金錢社會就是一個徹頭徹尾的失敗者。貧窮更是一種病，沒錢就是最大的病因。一輩子貧窮的人不是懶惰，就是無知。所以貧窮不僅是口袋空空，更缺乏賺錢的頭腦。

誰都想發財，希望自己貧窮的恐怕一個都沒有。雖然古代有很多智者一直強調貧窮對精神的可貴，但是這個社會是現實的。貧窮雖然不羞恥，但絕對稱不上什麼光榮。事實上，窮人渴望得到社會認同的願望比富人更迫不及待。

窮富的差距在於觀念的不同。空空的口袋不能阻礙你的將來，如果連你的腦袋也空空，你將永遠貧窮。我們不是沒有好的機會，而是沒有好的觀念。一個人的觀念也是最難扭轉的，富人和窮人想的不一樣。有了健康的理財觀念，才有成爲富人的希望！

藏富於民，一個國家才能昌盛繁榮。小到一個家庭，或者一個個體，財富就是一個人成功的佐證。偉大的巴比倫之所以強盛，就是因爲這個城市的百姓都能學習到理財的智慧，並實踐致富之道。巴比倫首富們流傳至今的理財智慧中，據說有七大妙方可以治癒貧窮，想擺脫困境，成爲一個富人，不妨參考參考這些古老但珍貴的經驗。

第一大妙方：每賺進十個錢幣，最多花掉九個，把剩下的那個存起來。這麼做的意義就在於讓你有積攢儲蓄金錢的意識，有了最起碼的資本才有資格談理財。

第二大妙方：控制你的開銷，把錢花在最需要的地方上，並爲之制定明確詳細的預算。守護好你逐漸膨脹起來的錢袋子。

第三大妙方：讓你的每個銅板都能爲你效力，並輾轉生息，確保你的金錢一直在增值，財富就會源源不斷地流向你的口袋。

第四大妙方：確保你的財富免遭任何損失，選擇適合自己的投資工具，向內行或有經驗的人徵求意見，安全和獲利性才是你最需要的投資。

第五大妙方：真正擁有屬於自己的住宅，並使它成爲獲利性的投資，提高生活品質。也就是說，讓你的不動產也增值，有了房子更自信！

第六大妙方：未雨綢繆，爲自己和家人預先做好準備，制定規劃以確保將來的收入。養老和育兒同樣重要。

第七大妙方：不斷增進自己的賺錢能力，努力成爲一名富有智慧、多才多藝和自尊自重的人。金錢是一方面，提高自身的修爲和學識也是一方面。不要總讓人叫你「暴發戶」！

◎投資必須需要三「心」二「意」

戰場上沒有永遠的勝利者，也沒有永遠的失敗者。就算是常勝將軍也有馬失前蹄的時候，更何況是平凡的士兵呢？二十幾歲，我們大部分都是「士兵」。在人生的漫漫征程上，不如意者十之八九。年輕人初學理財難免會遇到種種挫折，遇到各種各樣複雜的情況，這時就需要我們以良好的心態去調整、以積極的態度去渡過難關。

股市不會每天都漲，也不會永遠都在跌。面對市場的大幅波動，除了要檢視自己的投資組合，並加以適當的調整之外，還必須審視自己的投資觀念是否正確。

畢竟市場行情的變化起起伏伏，經濟學家也未必能判斷清楚，年輕的投資者由於缺乏經驗，判斷走勢難免偏頗。只有做好資產配置，選擇正確的投資方式，才能在投資這條路上走得長遠安心。而這些都需要一個前提——投資人的觀念。

一個成功的投資人必須要擁有三「心」：

投資人要有「**信心**」：相信前景，市場難免會有循環，但是長期趨勢是積極向上的，跌得再低終究也會回升。失敗首先從城堡內部開始，沒有信心不足以成事。

投資人要有「**恆心**」：持之以恆，定期定額扣款，在低檔多累積單位數，絕不要中斷投資。堅持不懈說起來很容易，做起來難，賺錢也是如此，不信的話就試試。

投資人要有「**耐心**」：穩字訣，投資功夫的重要心法秘笈。時間是投資人最好的朋友，沉穩地等待行情來臨，你會有更多驚喜。

說完三「心」，我們再來看看成功投資人還要具備的二「意」。

投資人「**意圖要明確**」：投資不是漫無目的，看到別人投資什麼賺錢，自己就去投什麼；投資也不是一時興起，今天投個看看，明天不行就撤。投資要有明確的目標和詳細的步驟，才能進退有據、事半功倍。舉個例子來說，如果你打算以二十年定期定額投資基金，把這些錢作爲退休金的儲蓄規劃，就沒必要擔心短線的市場波動，反而要在股市回檔時加碼投資。這就是所謂的逢低加碼原則。

投資人「**意志要堅定**」：也就是說，不要因爲短線市場波動或者是個人情緒

因素，破壞原先設定好的投資計畫。在金融市場，投資人面對的是不亞於戰場的殘酷搏殺，沒有堅定地信念去執行投資計畫，很容易走向「滑鐵爐」。「行百里者半九十」，請堅持再堅持，向著理財目標邁進，相信財富就在未來不遠處等著你！

還有一些投資方法也需要投資人注意，我們稱之爲兩個「一定」：

投資人「**一定要定期定額**」：具一些國際知名的基金評鑒公司研究，「定期定額」投資法是長期投資最好和最成功的方法。二十幾歲，很適合長期投資，抗風險能力也強，宜多多採用。

投資人「**一定要逢低加碼**」：買低賣高的原則，也許每個投資人都懂，但真正能做到的很少。逢低加碼需要勇氣，但報酬是豐碩的。投資人切記，股市逢低宜酌量加碼，以把握低檔入市的長線賺錢契機。

掌握了正確的方法不一定能成功，但沒有正確的方法，成功更不容易，甚至根本不可能成功。投資理財尤其如此，有了良好的心理狀態和正確的技巧，在三十歲之後，也許我們真的能成爲一個有錢人！

◎坐而思不如起而行
——幸運女神偏愛付諸行動的人

不知道你有沒有過這樣的時候：我今天要早起，一定要早起。可惜，鬧鐘響了三遍，還要蒙住頭再睡幾分鐘。也許，你還有這樣的想法：我要創業，等我手頭有了十萬元我就創業。等你有了十萬元的時候，你還在想到底選哪個項目好呢？也許等你思考成熟了，機會已經沒有了。

有這樣一個故事：一個人從小就很想學醫，可到了三十歲的時候還沒開始學。一次在和朋友喝酒的時候，他對朋友說：「我想徵求一下你的意見，我從小就很想學醫，但是因爲各種原因一直沒學成，現在三十多了再學是不是有點晚？」

他的朋友很驚奇：「我怎麼不知道你還有這樣的理想，當然要學了，現在不學到老了哪有機會啊！」

有時候顧慮太多，就是在給自己的懶惰找藉口，與其整天坐在那裏去想，還不如站起來馬上就去做！除了結婚、生子、買房子這些大事情，所有的事，思考的時間最好不要超過一個星期。人只有行動起來才能改變一切，不能總是停留在思考的階段。

二十幾歲是一個愛做夢的年齡，很多時候都想著哪天運氣好買彩票中大獎、天上掉餡餅之類的一夜暴富的好事，還有的喜歡想像，整天坐在家裏幻想自己運氣來了，嫁給一個億萬富翁；還有的看到周圍的人發財了，就開始關注一些創業的項目，盤算來盤算去，總是找不到更適合的賺錢方法。要知道，這個世界上沒有白來的午餐，光想是沒什麼用的！幸運女神也永遠不會青睞那些整天坐著思考的人！

在古巴比倫文明中，那些富豪們是如何看待思與行的呢？在他們眼中幸運的含義又是什麼呢？讓我們來看看這些古代的富人的財富觀念：

一、全世界沒有人不期待自己是個幸運兒。我們每個人天天都在巴望幸運女神的眷顧，因爲這是人類的本能。

二、當你想到幸運的時候，你會想到什麼？如果是金錢或者不勞而獲，對不起，讓你失望了。無論你如何祈禱，都無法吸引幸運女神的青睞，因爲她幾乎從不光顧這些地方。

三、假如你真的很幸運，可你知道好運能延續到幾時？幾乎沒有人能靠賭博、博彩或者不勞而獲致富，只有在幸運女神經常造訪的地方，才更容易得到她的青睞。

四、也許就在剛才你已經錯過了幸運女神的眷顧，我們常常對幾乎唾手可得的大好機會視而不見，並且失之交臂。要知道，好運通常是伴隨著各種機會出現的。

五、阻撓你成功的最大的敵人往往就是你自己。幾乎每個人都有拖延的毛病，可惜機會總是稍縱即逝。要想抓住致富的機會，必須戰勝拖延！

窮人和富人之間的差距，有很大一部分就在於「心動」與「行動」。將心動的想法付諸於行動，這才是你夢想成真、事業成功的重要因素。心動的想法需要用行動去實現，行動也需要靠心動的想法來指引。「終日所思，不如須臾之所學」，整天思考，還不如馬上就投入到行動中呢，只有行動才能真正實現人生的價值。

機會屬於那些有準備的人，沒有機會也要創造機會。只有接受、把握和利用各種機會才能吸引好運上門，抓住良機，果敢行動，才能贏得幸運女神的歡心，因爲她永遠青睞那些付諸行動的人！二十幾歲的年輕人，不要猶豫，馬上行動吧！

◎理財個性化，讓二十幾歲人過上優質生活

真正懂理財投資的人都明白一個道理：不要把雞蛋放在同一個籃子裏。這句話幾乎可以看做投資者理財的至理名言。因爲它揭示了多元化投資，從而分散投資風險的重要性。但是太多的投資產品，往往會讓投資者陷入管理僵局，最終難以獲得效益的最大化。尤其是二十幾歲的薪水階層，更沒有太多精力花在理財上面。那怎麼才能實現個性理財，合理選擇和配置投資產品呢？

雖然沒有固定的模式，但有一個原則是不能變的——利於管理，均衡投資，效益最大化。我們理財的目標不就是最大限度地實現財富的增值嗎？

知道存銀行不賺錢，很多人就把錢取出來挪到股市裏，希望通過炒股實現資產的增值，卻往往忽略了股市的風險，其實，這僅僅是投資理財的一種方式。投資理財還有很多途徑，並不一定非得炒股。

被廣大投資人普遍認同的理財定律有兩個：一是「四三二一」定律，指的是資產配置比例，將收入的百分之四十用於買房及其他投資，百分之三十用於生活開支，百分之二十用於銀行存款，百分之十用於保險；另一個是「三二二二一」投資組合，指的是把個人積蓄的百分之三十用於儲蓄以備後用，百分之二十用於購買基金以增加收益，百分之二十用於購買股票以謀求高利，百分之二十用於投資收藏以圖增值，百分之十用於購買保險以防止意外。

還有一個關於股票投資的「八十定律」，主要針對股票的高風險而言，最好是根據年齡進行投資。股票占總資產的合理比重等於八十減去年齡再乘以百分之一百。比如，三十歲時，股票可占總資產百分之五十，四十歲時則占百分之四十。

還有一個「一百減去目前年齡」的經驗公式，比如三十歲，就可以把百分之七十的資金投資在股票市場、基金或其他投資上。因爲年輕，離退休的日子還遠，風險承受能力較強，可以採用這個積極成長型的投資模式。

理財最關鍵的問題是：怎樣才能花最少的精力獲取最大的收益？

雖然方法是有了，但怎麼實施也是個大問題。總的方案是這樣的：首先留出日常生活的資金，把這些錢投入流動性較好的理財工具裏，然後再進行高收益的投資。

投資也可以分成兩組，穩健型和進取型。比例可以根據投資人自身的風險承受能力調整。但目前的市場情況不景氣，所以應該加大穩健型投資的比重。

資產數量只是一方面，還應進行合理的資產配置。資產配置具有高度的個性化，每個人情況都不盡相同，需要全面瞭解才能做出合理的分配。比如投資人的性別、年齡、職業、是否結婚、配偶情況、有無子女、家庭收支，是否負債等，這些看似與投資無關的因素都會影響到一個人的理財規劃。只有把這些個性化的東西全部考慮清楚，才能進行合理的資產配置，才能選擇最適合自己的理財產品。

每一個投資者都想追求一種絕對安全的獲利方式，資產配置的目的就在於規避投資風險，從而獲取最高利益。個性化資產配置就是在個人所能承受的風險範圍內使投資的收益最大化，讓每個理財的年輕人都能過上自己的優質生活。

第八章

天堂還是地獄——投資有風險，富貴險中求

有的人投資成功了，賺了大錢，猶如上了天堂；有的人投資失敗了，賠個精光，如同入了地獄。然而不管是天堂還是地獄，我們都要闖一闖！年輕就是資本，誰敢保證你的人生就得平平淡淡？誰能認定你就是一個窮光蛋的命？錢途掌握在自己手裏！勇敢地投資吧！

◎投資有風險，有虧才有賺

很多人盲目地相信所謂內線的消息，無所不用其極地打聽「名牌」股票，想靠著一些其實並不可靠的資訊搶奪先機，最終的結果也是可想而知的，大多以認賠出場或者還在期待著不可能實現的幻影。

投資是一門學問，只有科學的方法，沒有什麼投資秘笈。道理很簡單，如果這些所謂的投資秘笈真的那麼厲害的話，那些大師早就成爲世界首富了，還輪得著你嗎？那些寶貴的「秘笈」能和你分享嗎？

投資有風險，入市須謹慎。高收益總是伴隨著高風險，低風險也必然導致低收益。一般情況下確實是這樣的。但投資方法不當的話，也會出現高風險下的低收益甚至沒有收益。投資方法正確，也會實現低風險下的高收益。

你真的明白什麼是風險嗎？想避免投資，我們首先要明白什麼是投資風險。投資

風險就是人們爲了獲取一定的投資回報而願意承受的一些損失。比如，在股市下跌到快見底時，主動買套進行投資。這也是世界股神巴菲特常用的方法。雖然買進股票時會遭受一定的損失，但長遠利益是非常可觀的。

風險的出現是不是無可避免的呢？確實是這樣的，投資總會有風險。但我們還要明白風險是可以控制的，採取合理的管理風險的方法，完全可以在預見的低風險狀態下實現高收益。還以股市舉例，大家都知道，這是一個高風險的市場。在股市不斷下跌的時候，許多股票投資價值才真正地凸現出來，這時選好那些有投資價值的股票就會實現低風險下的高收益。當然，必須要具備承受股票繼續下跌的勇氣，長期持有，相信一定會取得高投資回報。

還有人認爲，高風險必然能產生高的收益。其實，這個觀點不一定正確。比如大量購買彩票，一旦中獎，收益驚人。高風險確實帶來了高收益，但這個機率恐怕是幾億分之一吧。機率越小，承擔的風險也就越大。事實也證明了，這個高收益是以多數人的失敗爲代價才換來的。投資者如果總是希望靠這種也許幾輩子都無法獲利的方法，甘冒這種風險來獲取高收益，不僅不能實現高利潤，反而會深受其害。

成功需要冒險，冒了險卻不一定成功。在投資市場上，要冒險也要選自己可以控制的風險，自己能夠承受什麼樣的風險，總要有個底線。知己知彼，百戰不殆，想在低風險狀態下實現高收益，必須瞭解自己的風險承受能力，這樣才能穩操勝券，獲得理想的投資效果。

一般來說，房地產、基金的長期投資等，都屬於低風險高收益投資；彩票、短線操作的股票都屬於高風險低收益的投資。只要明白，積極投入到低風險高收益的投資品種，完全回避高風險低收益甚至負收益的投資品種，並勇於承擔風險才是正確的投資方法。二十幾歲的人，年齡小，承受風險的能力較強，也可以增大一些高風險產品的比例，真正控制好市場的投資風險，一定會積累起巨額的財富。

幹什麼事都要付出代價，投資就要承受一定的風險，有虧才有賺，不虧不會賺。有時候，賠錢也是一種賺錢的手段，賠了錢你才知道怎麼賺錢。以後在投資的時候才能更好地避免這樣的問題出現。

◎投資要防「自然風險」，更要戰勝人性弱點

有人大量買入黃金，認爲黃金是避風港，將來一定會增值，把金子鎖在保險箱裏；有人不惜貸款，覺得房子保值效果明顯，放在那裏總不會被偷走吧；還有人喜歡收藏品，千方百計千金散盡，搜羅了一大堆瓷器字畫，還想著當傳家寶，越來越值錢。誰能想到，人算不如天算，雪災、地震這些做夢都想不到的意外會突然發生。辛苦積聚起來財富彈指間灰飛煙滅，造成無法挽回的損失。

月有陰晴圓缺，人有悲歡離合。風險無處不在，沒人能夠完全預測到風險，也不可能完全消除風險，我們能做的，就是防患於未然，將風險分散，降低到最低程度。唯一的方法還是那句老話：別把雞蛋放在一個籃子裏，別把資金都放在同一類產品或者同一個地域，或者投入同一個行業。

那有沒有保險一點的做法呢？其實，最保險的做法是：根據個人的經濟情況和風險承受能力，把資產適度分散，可以選擇存款、股票、基金、債券、外匯、黃金、收藏等。但有一個原則，就是投資領域之間的關聯度越小越好。就算收藏品被地震埋了還有基金、股票呢。把風險化整爲零，你的損失才可能降到最小！

你選擇什麼樣的生活就可能擁有什麼樣的生活，你的理念決定你的人生，投資也是一樣，不能克服人性的弱點，你的投資必定失敗無疑。這麼說，不是強調唯心主義，而是強調意識對物質的影響。就拿資產配置來說，雖然多樣化的分配可以大大降低投資者承擔的風險，但各類資產的收益會相互影響，甚至相互抵消。

肯定會有人覺得不甘心，零零碎碎的能賺幾個小錢，還不如來一把大的。孤注一擲，一下子就想賺個盆滿鉢盈，這就是人類與生俱來的弱點——賭。殊不知，一夜暴富的人，很可能也會一下子成了窮光蛋。

告誡二十幾歲的年輕人，不要把投資當成賭博，賭博總有押錯寶的時候。到那時，搞得自己狼狽不堪，元氣大傷，悔之晚矣！所以，我們說投資要防範「自然風險」，更要戰勝人性的弱點！

◎把握房產投資時機，不動產增值「三注意」

雖然房價時漲時落，但長遠的趨勢誰都能看的出來。人越來越多了，地越來越少了，房子不貴那是不可能的。年輕人買房子的任務也會越來越艱鉅，但也不是不能實現。學會理財，掌握贏取財富的手段，買房子不是夢想。

買房子，也就是房地產投資，是不動產投資一項很重要的內容。不動產投資有風險低、回報高、增值快的特點，是一個很不錯的投資方式。而且這樣的投資能更好地對抗通貨膨脹，有利於改善生活品質，而這些恰恰是投資理財的重要原因。那如何才能達到不動產的增值呢？

讓你的不動產增值，需要以下「三注意」：

一、注意把握投資時機

花錢的時候提醒自己一句：買的時候要想到賣。投資的時候也要牢記這句話，任何投資在買入的時候就已經失去了原有的價值，放在手裏代表的是未知，賠賺是不能完全掌控的。也就是說，賠賺不是取決於賣，主要是取決於買；能不能賺錢取決於買，賺多賺少取決於賣。

最好的投資時機不是「牛市」，而是經濟低潮期，不管是炒股還是買樓都划算。但大多數投資人的普遍心理都是「買漲不買跌」。實際上，這是一個誤區，是人性弱點貪和怕在作祟。下跌的時候不敢投資，上漲的時候一擁而上，這樣做未必就合理。在我們的周圍這種事不勝枚舉。

二、注意明確自身投資能力

能力決定一切，用事實說話，這也是投資的一個要點。不管做什麼投資都要在自己的能力範圍之內。投資理財的目的無非就是讓閒置的資金充分動起來，發揮最大的效用，從而達到最大限度地升值。「借雞生蛋」是個好方法，但也要小心「雞飛蛋打」！更要杜絕「殺雞取卵」的現象，不給自己留後路的做法是愚蠢的。所以，一定

要在保證自己正常生活的情況下，進行理性地投資。但也不要因爲本小或者利小就不去投資，「肯爲」才能「有爲」，積極的心態加上正確的方法，同樣可以收到本小利大的投資效果。

不動產投資可能會受到國家政策、政治、經濟等多方面的影響，和金融行業也存在著相互依賴與牽制的關係，所以除了豐富的投資知識，瞭解各種產業的投資利好，瞭解區塊價值與發展前景，還要關心時事，隨時掌握大市場的經濟走勢，才能更好地進行投資，把風險降到最低。

三、注意具備長期利益的觀念

投資不動產不是短期投資，而是一項長期的「工程」，這個過程不僅僅是資金的積累，更是投資經驗的積累。任何事情都不是一蹴而就的，投資房產更不能抱有「一招必殺」的心態。那些急功近利，喜歡短線投資的投機者，雖然短期內也許能獲得一些既得利益，但長遠來看必輸無疑！

股神巴菲特投資理論的核心就是集中投資績優股並長期持有。這也是他成爲世界首富很重要的「武功秘笈」。那些沒有恆心，沒有毅力，總想一夜暴富的人，必定會敗在這些「理財高手」的面前。事實也證明了，很多缺乏正確投資理財觀念和方法的一夜成富人的投機商、暴發戶們，用不了幾年就被打回「原形」了。因此，要想成爲投資理財高手，在投資中取得更大的利益，就必須要抱持長期投資和長期獲益的理念。

還要記住一點：這個世界上沒有最好的投資產品，只有最適合自己的投資方案。風險無處不在，金子到處都是。選擇適合自己的理財產品，根據自身的能力，然後長期堅持下去，不「盲從」，不「唯利」，理性、穩健的投資，到了三十歲的時候，你一定會讓周圍的人刮目相看！

◎藝術品投資——讓你的投資有品味

現在國外有很多投資者，越來越關注投資產品的雙重性，比如窖藏一些名酒，不僅能在拍賣會上顯現價值，還可以宴請貴賓，凸顯自己的身價。在輕鬆的消遣中賺取利潤，已經成爲很多理財者的一個組成部分。關注投資產品的雙重性，能夠充分挖掘

投資產品帶給人們的效用。即使不賺錢，甚至賠錢的時候，也能夠獲得一定的樂趣，這種快樂恰恰是投資理財的最大回報。

藝術品投資，帶給人們更多的不僅是利潤，更是一種品味。雖然和以前的市場相比，現在的藝術品市場投資性更強，但這並不妨礙人們對美的追求。現在拍賣會上的「新面孔」越來越多，藝術品的炒作也越來越瘋狂，都是人們的唯利心理在作怪，今天買了一件藝術品，恨不得明天就拋掉。雖然有很多人成功了，但這並不是藝術品投資的精髓。

藝術品投資考驗的是人的藝術眼光和長期投資的忍耐力。不久前，一個清乾隆胭脂紅地粉彩花卉紋梅瓶被英國古董商以四千一百五十萬港元拍走，改寫了香港清代瓷器拍賣的紀錄。而此前，這個幾千萬的瓶子被一個臺灣收藏家收藏了十六年，一九八八年買入的價格還不到現在拍出價的二十分之一。

在選擇藝術品投資的時候還要注意，收藏市場和股市也有些類似，具有「板塊輪動」效應，即在不同時期熱點題材不一，藏品的價格也會上下起伏波動。比如十多年前「香港回歸」題材的爆炒，就讓收藏愛好者經受了一次磨難。當時與香港有關的收藏品全面漲價，很多沒有經驗的民間投資者「高位接盤」，結果熱潮一過，「全面崩盤」，賠錢者不在少數。

還有的收藏者喜歡投資黃金，這也是一種不錯的投資手段。應對通貨膨脹，黃金是一種最好的保值手段，而且在全世界都能兌換。有經濟學家研究，在古巴比倫時代，一盎司的黃金可以購買的麵包和今天相比基本一致。也就是說，幾千年期間，黃金相對於麵包而言保持了購買力水準，而實際報酬率回歸至零。但假如把古巴比倫時期的金幣放到今天，其價格將遠遠超過今天同品質的黃金，這就是收藏的價值！

對於普通的投資者，尤其是二十幾歲的年輕人，不妨將藝術品投資看做一種消費行爲，買來就是爲了欣賞，產品的價格和藝術的價值相比，真正懂藝術的人是不在乎的。如果通過自己的收藏，能使藝術品升值，自然更好；沒有升值，也不要太過執迷，藝術品不也提升了自己的品味嗎？這何嘗不是一種回報呢？

◎給二十幾歲年輕人的忠告——巧避風險安全投資

理財越年輕越好，二十幾歲的人了，可不能老把自己當成沒有經濟負擔的小朋友。在理財這個問題上，一定要重視起來。

許多年輕人覺得自己才剛上班，花錢的地方多著呢，哪有錢去理財啊，還不如等將來工作穩定了再理財呢。其實這種想法是不對的，理財不分多少。「你不理財，財不理你」，以後千萬不要再說什麼「我沒財可理」了，每天大喊三次「我要理財，我要有錢」，儘早學會投資理財，也許你的一生將爲此改變。

還有人認爲，會理財不如會賺錢。自己能賺錢就是了，不會理財也無所謂。要知道理財能力跟賺錢能力往往是相輔相成的，有了理財方法，能幫你更好地打理自己的財產。

還有的人說，我不懂什麼理財，但每月肯定能省下錢，這些錢存起來就是了，不需要理財。這也是不正確的，不管收入有多少，錢是否充足，都很有必要理財。收入越高，理財決策失誤造成的損失也就越大。合理理財不但能增強你抵禦意外風險的能力，還能提高你的生活品質。

合理控制理財風險，除了樹立正確的理財觀念之外，還必須掌握正確有效的理財步驟和方法。大海航行靠舵手，正確的方法就是你保命的舵手，錢財不是糞土，有時候就是你活命的糧食！年輕人，更應該知道這個道理，更應該學會規避投資理財的風險。

談到理財的風險莫過於投資，我們在學習投資的過程中，掌握一些規避風險的方法是非常重要的，沒有風險的投資是不會賺錢的，但總是處在風口浪尖上是會翻船的！那麼如何在投資理財的時候規避風險呢？

首先，要瞭解自己的資產，能賺多少錢，要花多少錢，外面有沒有欠別人的錢。要想合理地支配自己的金錢，先要做好預算，做預算先要理清自己的資產狀況。只有理性地分析自己的資產狀況，才能作出符合客觀實際的理財計畫。

然後，根據自己的資產狀況，制定詳細的合理的個人理財目標。把這些短期的，長期的，自己最終希望達成的，所有的目標列出一個清單，再對這些目標按重要性進行分類，關鍵是要把主要精力放在最重要的目標上。再然後，就可以採取各種投資手

段了，最好是先通過儲蓄、保險等理財手段打牢地基，有個保障。剛開始理財，尤其是懵懵懂懂的年輕人，更要以穩健爲主。

最後，就是安全投資，規避風險。在投資某項產品的時候，千萬不能急功近利，被一些表面上高漲的紅利所吸引，盲目投資。高收益就意味著高風險。投資之前，做好做足準備功夫。最好的方法是：分析一下自己的風險承受能力，認清自己將要做的投資類型，然後根據自身條件進行投資組合，讓自己的資產在保證安全的前提下最大限度地發揮保值、增值的效用。當然，投資的時候還要不斷地學習理財知識，吸取理財高手的先進經驗，不斷修正改進自己的理財計畫，使其日益完善。

第九章

車子房子孩子，二十幾歲夾縫中的生存法則

現在的年輕人就是在夾縫中生存的一代。面對的是一個接一個的難題，將要承受的是越來越大的壓力。想結婚，有穩定的工作嗎？有房子嗎？有車子嗎？想生孩子，有奶粉錢嗎？等你老了怎麼辦？有養老的錢嗎？生一場大病怎麼辦？不小心出點事故又怎麼辦？

◎車子孩子大房子，一個都不能少

房子，票子，車子，妻子，孩子，五子登科！這就是流行於現代年輕人心目中的「終極目標」，恐怕還不只這「五子」，還有「老子」要養活啊！家裏的四個老人誰來照料，還不是你?!現在的人生活壓力大，從這幾個「子」上可見一斑，少了哪個都稱不上完美的人生，少了哪個活得能開心？恐怕沒有多少人願意過著緊巴巴的日子，還躺在那裏吟詩吧？

如何解決這些問題，沒有錢，一個都實現不了。除了學會在夾縫中生存，我們還要學會賺錢。賺錢的能力有大有小，有錢的人不理財也有錢；沒錢的人理財也沒錢，怎麼辦？創業太艱辛，投資有風險，有沒有最好的理財方法呢？也許，這個世界本來就沒有完美的東西，只有努力向完美靠近。沒有完美的理財方案，但有最適合你的理財方法。

◎別讓刷卡奴役了你的錢包

翻開你的錢包看看，裏面放了幾張卡？二十幾歲人的錢包裏，除了現金，更多的是諸如捷運卡、健身卡、會員卡、銀行提款卡、信用卡之類等。當你享受這些卡帶給你的方便和優惠的時候，你想過沒想過自己也會在無形中被這些卡「奴役」？

在新新人類眼裏，刷卡消費漸漸變成一種時尚，每個銀行都爭先恐後地向你招手，向你灌輸刷卡消費的好處，他們跟你說：「刷卡可以享受免息分期付期，還能得紅利積點贏大獎。」誘人的紅利積點，可以兌換錢包、化妝品，甚至還能兌換小家電等消費品。於是，你就成了「刷卡一族」，也成了「積點一族」。

在刷卡的時候，想著紅利積點卻不想著你的錢也在快速地流失，刷卡的頻率和額度在直線提升，關心那點紅利積點比帳單上的錢還用心。一些「積點族」，只要能刷卡的地方儘量去刷，自己買衣服不說，在和同事吃飯的時候也搶著刷卡，用她的話說就是讓銀行多累積紅利。積點多了，可惜你的錢也沒了，每月的還款金額也在不斷攀升。

有這種消費習慣的年輕人要注意了，也許你已經忘了你辦理信用卡的目的是什麼了！信用卡消費的本意是什麼？說白了，不就是先消費後還款嘛。紅利積點只是一種獎勵，並不是目的。銀行的種種獎勵只有一個目的——從你的口袋裏掏錢！拼命地刷卡，拼命地換積點紅利，眼紅那些獎品，想想看，這是否合理合適，是不是有點本末倒置呢？

如果你覺得這不算什麼，那就讓我們來用事實說話。以銀行的一張信用卡爲例，刷掉十多萬元的時候，才能拿到五六千積點，這些積點能換什麼呢？也就是一個數百元的化妝品或是一台小家電。你仔細想想刷這十多萬元，你花了多少不該花的錢？別人不清楚，你是卡主，你自己知道。

合理地利用信用卡，不僅能有效提高你的生活品質，還能用這些積分獲益。現在不少人就因爲過度透支消費成了「卡奴」，因爲沒有計劃地花錢，處處捉襟見肘。信用卡本身有錯嗎？沒有！錯的是使用信用卡的方法！

賺錢不容易，省著點花吧，刷卡別太瘋狂，小心你的信用卡讓你破產。什麼才是正確的做法呢？刷卡還是要刷的，但不要過度，不要爲了那點可憐的紅利積點「失

血」了！

年輕的持卡人使用信用卡時，要及時查詢消費細目，做到心中有數。即使還款困難，也要按銀行要求的最低還款額償還部分款項。銀行卡的循環利息貴不說，還會影響你的信用記錄，以免在以後買房需要貸款的時候遇到難題。

合理利用信用卡，但別讓積分奴役了你的錢包，不僅不會成爲卡的奴隸，還能獲得一些意外的收益，讓你「奴隸」翻身做「主人」！

◎儲蓄三心得——教你挑戰銀行儲蓄收益之極限

要按前幾年的銀行利率，錢存銀行雖然不能賺大錢，但增值還是有可能的。現在，經濟發展迅速，通貨膨脹也在不斷加劇，可以說，銀行儲蓄的負利率時代已經來臨了。一個無情的現實已經擺在了無數的儲戶面前，我們該何去何從？

到處喊著沒錢花的年輕人，是真的沒錢花嗎？恐怕是花得太多了吧。對於年輕人來說，銀行儲蓄仍然是理財配置的首選，至少應占到收入的三分之一。學會存錢是一本學問，合理地安排銀行儲蓄，才能獲得最大限度的收益。

第一，化整為零，分散儲蓄。

每月都把結餘中的定量資金存定期，存期爲一年，可以設定爲到期自動轉存，最終實現利滾利。不管哪個月需要支出，都有到期的存款，不夠開支還可以提前支取其他存款，自然也不會影響到全部資金收益。把轉存的週期定爲一年，是考慮到銀行利息等變化因素，爲了避免加息帶來的頻繁支取問題，從而降低因加息帶來的損失。

第二，臨時收支巧安排。

過日子，難免會遇到磕磕絆絆，需要大宗的支出，或者準備購置一些大件商品，在存款之前考慮好，可以把這幾個月的收入資金存爲短期定期儲蓄。

第三，注意關注銀行理財業務。

每次去存錢的時候，都要關注銀行開辦的理財業務，選擇那些利率更高的理財產品能更好地達到增值的效果。即使不能，也能方便自己，省得來回往返銀行。比如銀行會自動按照你事先約定的最低金額，按期限和比例，將你戶頭中閒置的錢轉爲定期定額的儲蓄，代客理財。

金子放在你身邊的時候，一彎腰就到手了，但永遠不可能直接落到你的口袋裏！所以，想獲得更高的儲蓄收益，就多跑幾趟銀行，多關注一些銀行業務和理財產品，存款也能存出高收益！

◎常勝兵法——「三十六計」助你炒股炒基

「三十六計」是我國古代兵家計謀的總結，講的雖然是行軍打仗，但人的智慧是相通的，傳承至今多有應用者。用在股票基金投資上，也是妙用無窮。對於投資者，這些計策不僅能起到錦上添花的作用，運用得當甚至能扭轉乾坤。起死回生！下面就舉幾個例子，以供二十幾歲初涉投資的年輕人參考：

*以靜制動、以逸待勞

小新現在也算是朋友圈子裏炒股的高手了，由開始的三萬多的本錢翻了五倍。朋友問他：「你炒股有什麼訣竅嗎？」小新笑著說：「股市風雲變幻，保持平和的心態就是最大的訣竅。」

小新剛開始炒股，和大多數年輕人一樣，總想著「輸時間不輸錢」，每天研究大盤，定時收看股市分析節目，結果卻差強人意。經歷了一番打擊，小新發現了自己的問題：看到自己的股票不漲，立刻就換掉，換上熱門股，卻發現「熱門股」也不熱門了。更可悲的是，自己剛剛拋掉的股票卻又「熱門」起來。不停地換股，把自己搞得七上八下，迷失了投資的大方向，到頭來兩手空空。

明白了自己的癥結所在，小新及時調整了心態，他決定採用「以靜制動、以逸待勞」之計，靜觀其變，以不變應萬變，從容佈局，投資的收益漸漸多了起來。

有人說，會炒股的大多是聰明人，但聰明人不一定就能賺到錢，相反有很多的「傻子」卻大獲其利。「傻」，是一種平穩的心態。所謂傻人有傻福，天天看著大盤，盯著一堆數字寢食難安，還不如以靜制動、以逸待勞。當然，也不能完全消極被動地等待，還需要靈敏的觀察力和判斷力，定期對手中的股票作評估。

＊遠交近攻

同事小畢也是個炒股達人，別看他對那些炒股的理論技巧一概不通，研判股市大勢也不怎麼準確。但分析起自己的股票卻頭頭是道，不管形勢如何起伏，他總有收穫。這是什麼原因呢？一個不會判斷大勢的人卻成為了炒股達人，其中有什麼奧秘嗎？

用小畢的話說：「我知道自己的腦袋能戴多大的帽子，沒有看盤的能力就不看，我只做自己熟悉的那幾隻股票，別人賺得冒泡，我也按兵不動。」「股票和人一樣，股票也有性格，把握了它的股性，預測起來也就八九不離十了。」

剛開始炒股的時候，小畢經常看一些股票節目，聽那些專家說完，就恨不得把所有的資金全部投進去，結果賠了很多錢。他覺得再這樣下去自己非得破產，人云亦云不能當成經驗，自己要有主見，於是他決定專心做自己熟悉的股票。

兵法有云：形格勢禁，利從近取，害以遠隔。意思是說：受阻的時候要先攻取就近的敵人，而不能越過近敵去攻取遠隔之敵。小畢只在自己最熟悉的市場環境中，炒作自己最熟悉的股票，不就是一種「遠交近攻」的謀略嗎？

當然，每個人的具體情況都不盡相同，也不是每個人都適合這樣做。投資者不僅要熟悉「股性」，更要明白自己的性格和風險承受能力。

*走為上

剛工作兩年的小花是一個上班族，她從上大學時就開始炒股。雖然賺得錢不多，也是一筆收穫。她自稱不懂什麼理財之道，對自己能小賺已經很滿意了。她說：「我看不清市場方向的時候，就先等，等市場明朗了，感覺來了，再見機行事。」

你是不是覺得這樣的做法很消極很保守，其實，她的做法還挺有道理的。這樣做既能保證不賠錢，想用的時候還能隨便取錢，畢竟現金才是真正屬於自己的。

炒股的時候很多人都會犯貪婪的大忌，錢賺不完，但賠的時候卻是無底深淵。適當的時候，見好就收，三十六計走爲上，如果手裏的本錢都沒了，還用什麼去賺錢？

◎聰明逍遙遊

旅遊是一種生活消費，既然是消費，就要學會投資理財，除非家境特別好，萬事不操心，否則很難保證以後的生活不受影響。看似逍遙，又有多少人能真正處理好理財和遊玩的關係呢？

你知道嗎？旅遊時也有很多理財的小妙招，只要精心計算，既節省又不影響品質。

＊利用時間差節省

利用時間差節省，一要避開旅遊旺季，淡季旅遊車好坐，住宿還可以打折。二要計畫好返回時間，可提前購票或買好返程票；三要精心計畫遊玩的地點和所花時間，儘量把日期安排好，要知道在旅遊區多待一天就多花一天的費用。

＊巧選旅館省費用

出門在外，住是首先要解決的問題。如何才能住得好，又住得便宜呢？最好是能住在公家單位的招待所或宿舍，安全又省錢，這當然需要一定的人脈關係了。還要注意方便自己出行。若沒有合適的招待所，要盡可能避免住在汽車、火車站旁邊的旅館，可以選擇一些交通較方便，處於不太繁華地域的旅館。價錢便宜得多，住遠一點也沒關係。

＊善玩也可減支出

出來不就是玩的嗎？但在玩的時候也要注意省錢。如何省錢呢？要先對景點有個大概的瞭解，找出自己想去的、最具特色的地方，而且對景點也要篩選，重複建造的景觀就不必去了。旅遊時更應多體驗一下當地的風土人情，閒逛又不需要門票，長知識，還可以陶冶性情。

＊購物莫花冤枉錢

真正的旅遊高手是那種不需要旅館和飯店的背包客，生活所需就好，不會去大肆購物。普通的旅遊愛好者怎麼才能不花冤枉錢呢？你要知道，買了東西不方便帶；旅

遊區物價較高，買東西不划算。更不要買貴重東西，因爲旅遊者流動性大，發現上當也無法理論，只好自認倒楣。要買的話，可以買一些價格便宜的本地特產，一是饋贈親朋，二是以作紀念。

當然，個人情況不同，怎麼個花錢法由自己決定，但省錢對年輕人來說總是好的。旅遊花錢多，節省的辦法也多，學會省錢，理財進了一大步。

旅遊歸來，生活也漸漸步入正軌，度過了「消費期」，節後該如何打理自己的錢財才更划算呢？

＊信用卡透支全額還

出去旅遊時往往是信用卡透支的高發期，消費過度時常發生，回家別忘記還款。對於經濟實力還不是很強的年輕人，隨意刷卡如果導致超額透支，還款再困難一些，往往造成不良信用記錄。所以，還款時最好一次全額還款。

＊境外歸來辦理退稅

很多國家通過一定方式向外國消費者退還消費稅，一般是由商店開出退稅單據，消費者離境時，將所購物品以及退稅單據交給海關查驗並蓋章，然後憑退稅單據和原始購物發票就能享受到退稅了。沒用完的外幣，數量多的話，可以做一些外匯方面的投資。相對來講，銀行的外匯理財產品安全性較高收益也不低，也不需要專業的外匯知識，比較適合普通投資者。

◎搭建「避震所」，化解日常中的「地震」

九二一地震已經很長一段時間了，災區的重建也在持續地進行著。然而對於受災的人們來說，這不僅僅是一場災難，更是在承受一種生理、心理和經濟上的多重創傷，需要很長一段時間才能夠真正的平復。災難過後，我們必須用一種全新的眼光去審視我們的生活。其實，人生不也是如此嗎?有困難不怕，重要的是如何面對困難。

在我們日常生活中，同樣會遇到「地震」，這些「災難」會對我們的財富和正常的生活造成或大或小的影響。對於個人來說，想預測財富的「地震」也不是很現實，但是並不代表只能束手待斃。只要我們建立一套完備的預警和防範機制，就能在最大程度上減少「地震」對我們造成的負面影響。積極防範財富「地震」的工作，每一個家庭都需要嚴肅對待！

＊備用金做「應急包」

地震發生之後，專家建議每家每戶都要準備一個地震應急包，以應對突發情況的出現。其實，在管理財富的時候，我們也不妨爲自己配置一個「應急包」——備用金。當財富發生「地震」時，保證我們有足夠的資金來應對財務損傷，避免生活陷入困境。

一般情況下，一個家庭的備用金至少要滿足三至六個月的正常生活開銷。我們在建立「應急包」的時候，不妨把每月的日常收支乘以三至六倍，以活期存款方式保管在銀行帳戶中。相對高收入的家庭，更要多儲備一些資金。因爲賺得多，花得也多，一旦出現問題，很難適應。多準備一些錢，還可以保證過渡期內財務狀況的穩定。

＊危機預案常演習

地震會出現很大的損失，有很大部分原因是因爲沒有建立起有效的應急機制。像日本這種地震多發地區，大部分人都能通過事先規劃好的應急機制，迅速疏散，把地震的損失減少到最低。

年輕人在理財的時候，也要做好這樣應對危機的預案，面對財富的「地震」，盡可能地減少損失。無論是投資股票還是基金，都要全面考慮，包括個人的收入情況、自己願意接受的風險程度、銀行利率的波動、大市場的起伏等。通盤考慮、量力而行，以應對可能出現的變化，決不草率作決定。

職場危機也是年輕人需要關注的一方面，不管現在收入多高，都要隨時做好失業的準備。一方面，不斷「充電」，提高自身競爭力；另一方面，做好轉型的準備，以自己創業爲最高指示，積累財富和能力也能幫助你安度危機。

*打造扎實的財富基石

人們蓋房子大多會選擇地質結構相對安全的地方，儘量避免自然災害帶來的風險。我們在理財的過程中，爲了減少財富「地震」，也要盡可能地打造扎實的財務基礎。

怎麼才能打造扎實的財富基石呢？不僅需要財富的積累，更要有應對風險的管理能力。在投資的時候，需要對產品的潛在風險進行評估，市場出現變化時，實際情況遠遠要比你想像得糟糕。年輕人在理財的時候，要定期根據市場變化，對自己的財務進行「體檢」。比如當貸款利率上調，你的收入卻沒有發生變化，那你的償債能力必然會有所下降，這時就要及時採取一定的措施，通過合理的資產配置，將加劇的風險控制在承受範圍之內，這也是抵禦財富「地震」的最好方式！

＊用保險搭建「避震所」

在日本等地震高發地區，大部分學校、體育場館平時都準備了充足的「避震所」設施，在這些「避震所」內，應急手段一應俱全，是過渡時期的最佳棲息地。

在你的財富管理中，有這樣的「避震所」嗎？如果沒有，可以試試保險。在現有的金融工具中，注重保障功能的保險產品是搭建財富「避震所」的最佳部件。當風險來臨時，保險的理賠機制可以彌補一定的損失，能幫助我們更好地渡過難關。

◎「三高一低」環境下的理財心態

物價高、房價高、負債高、薪水低，現在我們面對的不就是這樣的大環境嗎？二十幾歲的年輕人是沒有受過苦難的一代人，從小就生活在衣食無憂的幸福生活中，上大學，有知識，有學問。事實上，每個時代都有每個時代人的艱難之處，我們小時候是沒挨過餓，沒吃過苦，但並不代表我們就能一直幸運下去！

大學畢業，面臨的是失業；費了九牛二虎之力，找不到合適的工作；生活拮据，又不好意思和爸媽張口；做著不想做的工作，拿著微薄的薪水；承受著房子、車子、妻子、孩子的巨大壓力；心情壓抑，找不到一個真正懂自己的人……

二十幾歲的年輕人更知道自己的將來要靠自己，就算買房子家裏能拿出一部分錢，自己的前程卻不是一間房子那樣簡單。面對「三高一低」這樣的大環境，我們該怎麼辦？似乎作爲一個普通人，我們沒有一點辦法，市場操控著一切，人力之所不及！國家都不能避免市場經濟的浪潮，更何況小小的個人呢？

事實真的是這樣嗎？難道我們真的就束手無策、坐以待斃嗎？

當然不能！雖然我們不能改變環境，我們可以努力地去適應環境！面對三高一低的大環境，我們必須要有科學合理的方法去應對，調整自己的觀念和心態，再困難的時候也有豔陽天！財務問題，無外乎開源節流，在工作、財務收支、家庭理財上，一定要有一個長期的規劃，不能臨時抱佛腳。平時多聽聽專業人士的建議，多多累積自己的財富。一步一步去實行，努力工作賺工錢，穩定投資賺穩錢。投資最好的方式就是利用時間換取財富。我們年輕，有的是時間，什麼時候開始都不算晚。

長輩們大多收入穩定、經濟平實、有房有車，生活很舒服，年輕人大多比較辛苦，富人不理財也會很有錢，辛苦的人更需要理財。年輕人要根據趨勢，按照三步驟建立穩定的經濟基礎。

第一步，要有穩定的工作。有工作才能保證收入，更不要耍小孩子脾氣，對工作中的一些不如意心存抱怨，動不動就辭職。失業了也要隨時調整自己的心態，積極找工作。

第二步，回歸簡樸生活。賺錢本就不是很多，花錢更要節儉，拒絕衝動消費，生活物質以實用爲主，不盲目地追求時尚。

第三步，想投資的話，就要認真學習基本的金融知識，現在大環境不好，投資的風險相應也較大，看到別人炒股賺錢就去炒股，這種心態要不得。投資最佳的學習對象是巴菲特，不妨學習學習這位偉大的商人，選取有價值的標的進行長期投資，不要盲目地殺進殺出。

同時，調整好自己的心態也是十分重要的，看別人比自己有錢，就覺得自己很失敗，「新貧階級」別「心貧」。不自卑不自傲，積極向上的人最可愛，自信的心態會讓你看起來更有魅力，即使沒錢，也是一個「貧窮貴公子」！

第十章

二十幾歲，最好的「理財」方式是創業

理財的最終目標只有一個——賺錢！那請問你，最好的賺錢方式是什麼？不是黃金，也不是股票，而是開一家屬於你自己的店，當然最好是一家「大店」！開「大店」，賺大錢，這已經不是什麼秘密了！有了屬於自己的公司，成本是你的，賺的錢也全是你的。

◎每個創業者都需要一點「賭性」

賭，一個讓很多人恨之入骨，也讓很多人膜拜崇敬，讓很多人傷心欲絕，也讓很多人開心快樂的字眼。這個字被打入了十九層地獄，賭確實害人不淺。但有很多事，借助這個字，也許更可行。人生有的時候就需要一點「賭性」，做事前怕狼後怕虎，畏畏縮縮怎麼能成大事？在創業的時候，「賭性」也是一種不可忽視的力量！抵押家當創業、投資新產品、東山再起，哪件事沒有「賭性」？所以，每個創業者都需要一點「賭性」。成敗與否，一「賭」爲快！

◎創業是一種實幹，而不是投機

很多二十幾歲的年輕人認爲創業就是投機，自己下了本錢，過不了多長時間就能發大財。其實，這種投機心理是非常可怕的，對創業者來說甚至是致命的！創業是一種對金錢運用的考驗，也是一種對人性的考驗。投資就要讓自己的資金盡可能地安全，然後獲得儘量多的收益，對創業者來說這才是最重要的。投機是什麼？投機是一種僥倖，投機不是創業，是對財富的一種揮霍，更是創業快速走向滅亡的不歸之路！

創業不能靠投機，「沒有一番寒徹骨，哪來梅花撲鼻香」！要知道，創業是一個艱辛的過程，這條道路不好走，荊棘遍地，陷阱處處，只有腳踏實地打好基礎才能避免自己走錯路走彎路。對一個年輕的創業者來說，最重要的是不浮躁，不搞投機主義！

在創業的道路上，有很多人永遠地倒下了，有的因爲累了，有的因爲沒資本了，更多的因爲投機主義死在了幻想裏。一個真正的創業者是沒有時間去幻想的，真正的創業者是一個實幹家，不可能是一個投機者。儘管創業很苦，但前景卻是美好的。只有真正經歷過風雨的人，才有資格說看到彩虹！

創業投機的時代已經一去不復返了。只有那些堅定地走下去的人才會體會到成功的快樂；抱有投機心理的人最終的結局只能是失敗！

◎做深做透的人，往往就是最後的勝利者

不能在一個行業裏面沉澱，就必然膚淺，膚淺的後果就只能靠運氣。不斷地轉行，雖然能獲得很多機會，但同時也浪費了很多機會。創業無小事，成功很困難，創業之初我們最應該做的就是抓準一個點做深、做透！只有做深、做透才能積累更多的資源。

當你把創業視爲致富捷徑時，殊不知財富卻離你越來越遠了，也許還會把老本都

賠上。創業不是輕易就能成事的，需要你付出時間，付出精力，付出金錢，想到達成功的彼岸，就必須學會專一！

很多創業者都輸在了不夠專一上，今天在這兒刨幾鍬，明天在那兒刨幾鍬，最後也沒挖出水，只留下了幾個坑而已。成功的創業者們有一個普遍的規律，就是先做精做透然後才能做多！創業貴在堅持，頻繁更換項目並不利於成功。不管做什麼生意，都會遇到大風大浪，退一步是海闊天空了，但也什麼都沒有了！堅持，堅持，再堅持，做深做透的人，往往就是最後的勝利者！

◎並非人人適合創業——創業與就業的七種不同

創業能致富，但致富並非只有通過創業才能實現，何況，不見得每個人都適合創業。創業是一件需要非常理性地去對待，需要綜合考慮、認真思考的大事。現在有些年輕人熱血沸騰，看到別人創業賺了大錢，自己也著急上火，趕緊籌集資金，不管什麼項目，先上馬再說，於是，賠個精光。不要以爲你掌握了職業技能就證明你具備了創業的資本和實力，有時候，看著容易的事情做起來卻難。

創業和就業還是有區別的，想創業就要瞭解二者之間的不同之處：

一、目標和思維高度

一個真正的創業者，必須明白自己最終想要的是什麼，將要達到怎樣的目標和高度，實現每一步規劃需要多長時間，其中要經過哪些過程。想創業就必須具備長遠的眼光和長久作戰的信心和毅力，強調的是戰略意識。而就業的著眼點往往在如何保住飯碗上，很少能像創業那樣站得高看得遠。而且，就業者往往缺少換位思考，不能站在創業者的角度去考慮問題。

二、完成工作的習慣

創業者都明白自己所做的事全是爲了自己，所以幹活的時候喜歡把某件事徹底解決，今日事今日畢，決不拖到明天。而就業者習慣把工作按照天數來分解，今天做不完的事明天再做。而且還會抱怨老闆的加班要求頻繁。其實創業者的工作就是生活，事業就是生命。

三、單個環節與整個系統

很多上班族習慣把自己分內的事做好就行了，只掃自己門前雪，不管他人瓦上霜，自己的活幹完就得了，至於交出去的工作任務是否確實完成，老闆的事就讓老闆操心去吧。所以，就業者嚴重缺少整體概念。而創業者考慮的是全局大事，對整個系統的掌控能力。

四、責任

在一個企業或公司裏，出現了事故，老闆要追查責任的時候，大家都會不同程度地推卸責任，很少有人主動站出來承認自己的失誤。就業者總是強調自己把屬於自己的環節做得很好，卻把責任推卸給了前後銜接人員。創業者的失敗就是失敗，責任全在自己身上，無法推卸。

五、個人意識與聯合力量

就業者爲了博得老闆的認可，大多會幹一些出頭露面的事。就業者的個人英雄主義，促使自己甘冒風險去單槍匹馬幹點什麼。出了婁子，還得公司來承擔。就業者很難從降低成本及減小風險或提高效率的角度考慮問題，去主動聯合同事，共同完成任務。

六、成本概念

創業者的每一分錢都是拴在肋骨上的，所有的支出都是成本，所有的節省都是利潤。所以，每個創業者都會精打細算，這也是創業過程絕對會養成的習慣性思維。這不是「摳」，這是需要。而就業者卻不會在乎老闆的支出，以至於自己創業的時候，還改不了大手大腳的習慣。

七、辦事一條線

條條大路通羅馬，做工作也不止一種方法，但就業者已經習慣了用單一思維去考慮問題，很少會去用超越性的思維，多角度多方向來考慮解決問題。創業者就不同了，什麼事都是自己的，怎麼做合適就怎麼做。

看完這些創業和就業的區別，你覺得你自己現在的狀態是哪種呢？你具備創業的潛力和實力嗎？你的思維轉過彎來了嗎？創業是不是真的很困難？當你想好了這些問題，也許，你就會發現自己適合不適合創業了！

◎抓住女人的錢包，你就是世界上最有錢的人

如果你走到大街上，看見一個男人的手臂上拎著一袋衣服。不妨問問他，哪些人的錢最好賺？這時候，這個男人百分之百會說：女人的錢最好賺。爲什麼說女人的錢最好賺呢？因爲，大多數女人都掌管著一個家庭的財政大權。

女人是感性的動物，也是特別愛美的動物。無數的商人們在你的耳邊重複著：女人的錢最好賺，女人的錢最好賺……因爲，女人身上有挖不完的資源。在商人們眼中，女人就是一座寶藏，女人商機無限。

女人們對自己也會說：女人的錢最好賺。因爲，女人花錢很感性，女人花錢的時候可以帶來無限的快感。女人喜歡永遠保持新鮮感，女人勇於嘗試不同的事物，女人「喜新厭舊」，女人看到新髮型、新衣服時，眼睛會發亮！

對很多女人來說，完全可以用八個字概括了——「生命不息，逛街不止」。

縱觀女人的一生，不同的年齡層，扮演著不同的角色，但是花錢的宗旨是不變的，女人的天性就是如此，所以決定了她們必然是商場中購物的主流。

未婚的年輕女孩子，大多二十幾歲，自己有收入，也能自由支配。而且還能理直氣壯地花父母的錢，理所當然地花男友的錢，甚至有的還能花男友父母的錢。一個人花錢，全家動員，這個年齡層女孩子的生意，想不好都不行啊！

待嫁的女人。這個年齡段的女人大多是最受寵愛的，男人夢寐以求的不就是這一天嗎？操辦婚事時，女人幾乎都掌握著消費主動權，女人也就忙個不亦樂乎了。買什麼東西，置辦什麼傢俱，去哪裡度蜜月，幾乎都是女人說了算。而且大多數女人都認為婚姻是一輩子的大事，現在不花錢，等到老了是個遺憾！因此待嫁的女人也是花錢的主力，為了滿足自己的心願，不惜鋪張浪費。所以要給她們創造一種消費的氛圍，結婚嘛，自然就能達到促進她們消費的目的了。

已婚的女人。結了婚的女人大多承擔著女兒、母親、妻子的三重角色，因此也掌握了整個家庭幾乎所有的日常開銷。家裏置備物品，該買什麼，買什麼牌子，買多少，幾乎都是女人說了算。抓住這類人群的特點，適當給她們點便宜，賺錢豈不是很容易？

想從女人身上賺大錢，創業者更要明白女性的另一個特點。雖然女人的錢好賺，

但也不是誰想賺就能賺的。女人天生「摳門」，不是任何時候都願意掏腰包的。

所以，創業者想賺女人的錢，最重要的是抓住女性消費的心理。只有真正掌握女人消費心理的人，才是真正賺錢的高手。

追趕潮流的心理。女人是善變的，女人是時尚的，女人的欣賞眼光也是不斷改變的。想賺女人的錢，請你趕在潮流的前面，做個時尚達人，你就能抓住最大的商機。

愛虛榮的心理。女人天生愛美，女人天生愛慕虛榮。在家裏，女人可以做一個不修邊幅的黃臉婆，但出門的時候，總會把自己裝扮得光鮮亮麗。

戀愛期的消費心理。「女爲悅己者容」，處於戀愛狀態中的女性，往往最喜歡打扮自己。小鳥依人的樣子，也能激發起男人保護的衝動，所以戀愛期的女人也是讓男人掏空腰包的最好時機。

「視覺第一」的心理。女人是感性的動物，一旦看上什麼東西，不擇手段、不惜重金也要擁有。因此經營女性產品，要注重視覺美。實用性可以差一點，但一定要美，有很多女人會爲華而不實的東西心甘情願地掏腰包。相信這一點，絕對不會錯。

你想創業嗎？還在等什麼？這個世界上除了男人就是女人，而男人賺的錢，很大一部分不就是給了女人嗎？抓住女人的錢包，你就是這個世界上最有錢的人！

◎讓窮人掏錢——不怕沒錢，就怕你不會賺

傻子都知道，這個世界上窮人多，富人少。窮人就是整個社會金字塔的底層，富人則高高在上。地球上六十多億人口，窮人大約占到了百分之九十，五十多億的人口基數同時也帶來了十多萬億的購買力，這個數值是相當可怕的，大約相當於日本、德國、英國、義大利和法國購買力的總和。

所以，「金字塔底層」是地球上最大的市場。賺窮人的錢，爲窮人提供產品和服務，這才是創業者應該關注的焦點。當然這和賺女人、小孩的錢並不矛盾，一個是從縱向來說，一個是從橫向來說。

不要以爲窮人沒錢，想賺他們的錢比登天還難。其實，窮人才是這個世界的消費主體。創業就要瞄準發展的機會，哪裡有機會就要在哪裡作爲。窮人也需要生活，生活就需要消費，消費就能拉動市場，有了市場才好發展你的事業！

現在，有很多公司都漠視了這一巨大的群體，當然也有自認爲很確鑿的理由。他們往往假設：

一、窮人買不起他們的產品。「我們的成本結構和窮人的大相徑庭，生產出來窮人也不會買。」其實，不妨調整自己的產品，讓自己的成本結構與窮人的購買力相匹配。

二、窮人不接受新技術。事實恰恰相反，在農村，你會看到很多農民都有功能很齊全的設備，也許這些人接受新技術要比我們還要快。

三、窮人對自己的產品和服務沒有興趣。錯！不是窮人不想買，而是你的產品和服務對他們來說沒有實用性。他們需要的你不能滿足，當然不會掏錢給你。做那些真正實用的東西，如洗衣粉、廚具產品等，才能獲得他們的認同。

看到了窮人的市場，那又怎麼去賺窮人的錢呢？

大家知道，富人一般好面子，買東西愛挑剔，消費欲望也不容易被滿足。而窮人則認爲實用、便宜就行，所以年輕人初創業的時候，不妨先從基層做起，賣一些窮人喜歡的經常要用的產品，品牌不必太講究，物美價廉才是王道。

還有，儘量避免那些大多數商家都看好的，競爭非常激烈的地區、行業或產品。

殘酷的競爭往往帶來降價風暴，賺錢難度增大，成功的機會自然大打折扣。相對而言，那些經濟欠發達地段，一來競爭不是很激烈；二來消費者對商品要求也不是很高，窮人消費者易於引導，比那些有錢人好「對付」得多。

另外，雖然這個世界窮人多，低收入消費者多，但消費量卻是巨大的。一個富人買一件衣服花了一萬元，一百個窮人買一百件衣服花了十萬元，哪個賺錢多？世界上很多著名的大公司，都是從「賺窮人的錢」發展起來的，所以，創業者千萬不能忽視這個大市場。

創業者還沒起步的時候就要想好，自己現在也是「窮人」，窮人想必知道窮人買東西的心理。窮人沒錢，但他們喜歡趕時髦，只要你的東西便宜、時髦，一定很好賣。想賺錢，最要緊的是知道自己的客戶群在哪裡。

窮人就是你的財神爺！不怕他們沒錢，就怕你沒有讓他們掏錢的東西！

◎讓富人掏錢——拔根汗毛比腰都粗

有錢人錢多閒多品味高，求新求異、追求高檔，價格可以貴，但品質絕對要好，功能絕對要齊全，這就是現代大部分有錢人的心理。只要你的產品和服務符合了有錢人的要求，讓有錢人覺得舒服、時尚、有品味，購物方式最方便，也就能做成富人的生意！

我們不是有錢人，但在做有錢人的生意，相信過不了幾年，你也能成為一個富人。二十幾歲開始你的創業吧，再奮鬥幾年，你的前程將不可限量，成為千萬富翁也不是不可能！

◎讓小孩掏錢——小塊頭有大商機

想賺小孩子的錢，就要深入瞭解現在的孩子在想什麼。每種類型的孩子的消費方式也是不同的。掌握這四種不同的消費方式，根據自身的經濟情況，看看自己適合做哪行？

＊時尚型

這類孩子大多出身於名門貴族，家裏很有錢，有名牌意識，注意外表形象，愛打扮，崇尚國外品牌。零用錢很多，愛買東西，喜歡速食和美式食物，喜歡上網，經常出沒於娛樂場所。愛攀比，見多識廣，也比較有品味。

＊窮孩子型

這類孩子大多零花錢比較少，大多用於零食，愛買本土商品。

＊休閒型

零花錢和時尚型的差不多，但主要用在音樂消費和購買服飾上，對家庭採購有一定影響。看重儲蓄，不十分看重成績。愛聽音樂愛讀小說，上網時間要多於其他三類。

＊好孩子型

這種小孩，俗稱「乖乖牌」，沒有什麼名牌意識，也不看重外表形象，零花錢多不是很多，主要用於買書。看重儲蓄，有良好的家庭生活。

你適合哪一行？你想賺哪類孩子的錢？想讓小孩掏錢，先打動他們的心吧。開書店、賣飲料，還是開潮牌服飾店？想好再做，相信你行的！

◎擁有一個創意的頭腦，勝過擁有一座金礦

創意，不僅是一種奇思妙想，更是帶你走向成功，走向財富之岸的風帆。這是一個創意創造財富的時代，創意和智慧漸漸成爲主流，賺錢靠什麼？靠的就是越來越精彩越來越豐富的創意！金礦總會有被挖空的一天，而一個人的創意卻是無窮的。所以，擁有一個創意的頭腦，勝過擁有一座金礦。

有一家酒店，生意一直不是很好，老闆很發愁，不知道怎麼辦才好。回去跟妻子一說，妻子給他出了一個點子讓他試試。

第二天，離他酒店不遠的大街上出現了一所漂亮別致的小房子，房子牆壁四周打了很多圓圓的小孔，房門上寫著幾個醒目的大字：「不許偷看！」這幾個大字勾起了很多人的好奇心，每一個走過房子的人都要伸長脖子對著那些小窟窿看看。當人們通過圓孔看進去，就會發現映入眼簾的另一行大字：「美酒飄

香，請君品嘗」，而且每個人的鼻子下面都放著一瓶酒香醉人的美酒。每一個聞到酒香的人都走進了這家酒店。人們不僅爲酒香「醉倒」，更對設計者的智慧讚歎不已。

習慣思維，既然老闆擁有如此智慧，想必酒菜也必有不凡之處。越來越多的人知道了這間小屋子，越來越多的人走進了老闆的酒店。這家酒店的生意也就越來越好，在眾多的酒店中脫穎而出，成爲整個城市最有名氣的酒店！

「不許偷看」四個字，一下子抓住了顧客的心，這正是經營者的獨到之處，也是創意經營獲勝的法寶。這位老闆「賢內助」的創意就很高明，想出了這種別出心裁的招式，抓住了人類好奇的天性，吸引了更多的顧客，也獲取了更多的收益。

關於創意，還有一個經典的故事：

有一家做免洗筷的筷子廠，所有的產品都銷往日本。雖然生意不錯，但全靠薄利多銷，產品的利潤很低，老闆除了給工人發工資，自己沒有賺到多少錢。老闆覺得再這樣下去不行了，於是就想要用什麼法子多賺點錢。

老闆就帶著秘書親自跑了一趟日本考察。發現日本人吃午餐的時候，幾乎所有公司的員工都待在公司內等著「訂餐」。由於日本人的生活節奏較快，工作很忙，所以常常忘記日期，甚至是重要的節日。

老闆眼前一亮，這不就是一個很好的商機嗎？筷子雖小，但生意卻不小。於是，老闆想了一個好辦法，他讓自己的工廠在生產筷子的時候，都要印上星期幾，對那些特別重要或者很特殊的日子，比如，母親節、父親節、情人節、櫻花節、耶誕節等，還要特別加上經典的節日祝福語。一雙本來很普通的筷子，一下子就變得精緻典雅起來。雖然這些加了節日標示的筷子價格比原來漲了四倍還要多，但效益卻不錯，利潤也水漲船高，甚至吸引了很多國家的大宗顧客，迎來了更多的顧客。

從這個故事裏，我們不難發現，也許發財真的很簡單！一雙小小的筷子能從原來微薄的利潤到現在巨大的收益，原因在哪裡？創意！

對，就是創意！也許，很多時候經營什麼不重要，重要的是經營者如何以自己獨到的眼光去發現商機，在經營的過程中如何進行不斷的創新，以新穎的點子來吸引消費者。

二十幾歲，正是一個人創意思維的高峰期，我們缺少的是錢，需要的是——開發你的創意，大膽地去想像，大膽地去經營！如果在創業的時候，總是被一些條條框框束縛，你就會陷入僵局。即使能賺錢，也是一些蠅頭小利。

打破不了僵局，就會被困在那些瑣碎的重複的簡單乏味的事情中，付出了巨大的

努力，卻得不到相應的回報。這個市場是一個競爭的市場，想在激烈的競爭中獲勝，賺更多的錢，就必須要有創造性的思維和超越一切的勇氣！

創意，並不是說非要驚世駭俗，非要顛覆真理，需要的是打破常規，換一種角度和思路來思考問題。創意，有時就是你的靈機一動。我們每個人都有創意的天分，關鍵在於你能不能把這些好的想法轉換成實實在在的生意經！

年輕人，創意就是你的指路明燈，沒有創意的人生是灰暗的人生，沒有創意的事業只能走向夕陽，創意點亮財富，創意造就富翁。三十歲變富，你準備好了嗎？

第十一章

最後的忠告
二十幾歲人這樣投資，三十歲後才能變有錢

記住，世界上最好的投資不是投資金錢，而是投資自己！這也是我們最後要告誡所有二十幾歲人的話。投資自己，不僅要投資金錢，更要學會投資人脈，投資健康，投資你的親情和友情！還要牢記：有時候，適當休息也是一種投資！

◎世界上最好的投資是對自己的投資

在一次記者招待會上，有人這樣問巴菲特：「假如在一個通貨膨脹率十分高的國家，你會採用哪種投資方法？」巴菲特笑著說：「當通脹將錢變爲廢紙的時候，你擁有的唯一保障就是你自己的才能和賺錢能力。」

如果你是一名最好的醫生。或者最棒的網路工程師，或者其他什麼行業的優秀人才，不管通貨膨脹率達到多少，你的才能永遠不會貶值！有才能，就能獲得貨幣，這是最基本的的常識。因此最好的投資是對自己進行投資。

一個懂得不斷投資自己的人，才能不斷獲得遠超自己想像的驚喜。成長，是一個人強大的唯一的希望。只要不斷地學習，才有不斷的進步，不知不覺，我們就能獲得越來越多的財富。

有很多人不知道這樣的道理，心比天高，胸懷大志，但是直到死的那一刻都沒有

什麼特別的收穫和長進。病根在哪裡？其實，問題在於，有了志願卻沒有規劃；有了規劃又沒有原則；有了原則又沒有行動；有了行動又不能持續，結果一事無成。人們常說的「小人常立志」就是這個道理。

面對這樣的情況，又該怎麼辦呢？還是那句老話：長立志不如立長志。學會安排自己的時間，開發自己的才能，對自己「好」一點，多對自己進行投資，那你對金錢也就沒什麼好擔心的了。

請記住，我們的人生規劃遠遠趕不上時代的變化。但是只要你懂得投資自己，讓自己每天都在進步，每一天都對未來充滿信心，你一定會成功的！

無論什麼時候，我們都要把自己當做最大的贏家。世界上最偉大的投資是什麼，不要再問了，二十幾歲的人從現在開始就對自己投資吧！無盡的財富在向你招手呢！

◎人脈投資——三十歲前成為富翁的訣竅

現在有很多「大師」教給人們的理財方法是這樣的：想賺錢就去投資，想投資就去選擇投資工具。確實有些人精於此道，他們能合理利用投資工具，而且發了大財。

投資工具本身沒有錯，但我們要知道積累資產的方法絕對不止這一種。難道就只能靠錢賺錢嗎？錯！不要忘了經營你的人脈圈，年輕的時候多付點交際費，隨著經驗的累積，你的學識、職位、薪水都能夠得到一定的提升，這些東西已經不能用報酬率來衡量了。

你想不想在三十歲之後成爲一個讓親朋好友刮目相看的富翁呢？也許，學會「人脈理財法」，投資人脈能帶給你意想不到的奇蹟般的效果！下面我們就來看看如何對人脈進行投資。

＊內修：打響自我口碑

人脈理財，首先必須有「內功」，自己有真才實學，具備一定的專業知識和爲人處世的姿態和技巧。對於二十幾歲的人來說，工作一定要吃苦，能吃苦才能博得上司和同事的信任，良好的職業操守是建立人脈關係的基礎。

＊外營：深耕職場關係

初入社會沒幾年的青年，職場剛剛起步，最重要的就是積累經驗並建立自己的職場關係，工作表現好，人緣又棒，加薪也就不遠了。理財有這樣一個觀點：投資在理財的時間愈長就表示投資在自己身上的時間愈短，而增加自己的學歷、才能、工作技能和人際關係，則要比投資所得的利息更多。

＊真誠付出，心薪相印

「人脈理財法」是一種長期的投資，需要一定的戰略眼光。所以，不適合那些總想一步登天、一夜暴富的人，而且經營人脈帶有一定的「投機性」，畢竟誰也說不好什麼時候能用上。年輕人一定要有這樣的心理準備，不能總想著職位、薪水。

人脈投資，並不是僅僅以直接的金錢方式作爲回饋，有時候「聽君一席話」，不也「勝讀十年書」嗎？當你有了困難，面對人生的困境，這些平時看不著摸不到的人脈也許就會「救你的命」。人際關係好的人，往往能得到別人的指引和幫助，雖然這些幫助很多情況下不能直接給予你什麼，但一個微妙的機會也許就是打開你人生僵局的鑰匙。

美國知名企業家、激發潛能大師博恩崔西（Brain Tracy）最常說的一句話是：「真誠地關懷你的顧客。」他在指導學員銷售成功術時，說：「你越關懷你的顧客，他們就越有興趣跟你做生意，一旦客戶認定你是真心關懷他的處境，不論銷售的細節或競爭者如何，他都會向你購買。」崔西的成功術可以用一句話來概括——以真誠贏得人心。這也是那些善於經營人脈者都遵循的一個原則：與人結交，真心爲貴。

誰都不是傻子，你是不是真心真意，很多情況下一眼就能看得出來。滿腦子都是利益，把交朋友當做一種手段，就顯得虛情假意，這樣做是很難贏得真情實意的。人脈投資之所以有用，靠的是對方的真心。只有真正地認同你，並且珍惜和你的這份情誼，才能在適當的時候助你一臂之力。

人脈理財，還要注意，這是一種「開源」，需要你的付出甚至多於得到，只有多「開源」才能讓你的事業上處處逢源。善於人脈理財者，將掌握有形與無形的人生財富。真心希望我們每個人都是一個左右逢源的「人脈理財」高手！因爲，這也是三十歲之前成爲一個富翁的訣竅！

◎顧好你的常青樹——對健康投資決不會虧本

小文是大家公認的女強人，在大學就是學生會主席，辦事俐落，但有個毛病，就是事事苛求完美，事事爭先。工作以後，這個毛病一直伴隨著她，因爲太過敬業，一天終於累倒在了辦公室，然後住進了醫院。

朋友去醫院看她的時候，發現她躺在病床上，臉色蒼白，神情黯淡，顯得落寞而又無助。病人需要的是親友的安慰和鼓勵，於是，朋友就坐在床上跟她聊了起來。希望自己的話能對她有所幫助。

沒想到，在和朋友聊天的時候，小文強提精神說：「真可惜啊。那筆大業務剛剛有點眉目，就因爲我生病住院，這個月的獎金沒了，年度的全勤獎也沒了。」

朋友聽了她的話，非常吃驚。沒想到，後面還有更讓人吃驚的話：

「這一折騰，住院費不說，薪水獎金加起來虧了我十幾萬，這可是我三個月的工資啊。而且休息這一段時間，同事們說不定拉走了多少業務呢？我想追都追不上了。哎！」

朋友默默地不說話，小文接著說，「健康就像一個可惡的老巫婆，能讓一切人生的投資都歸零。」

朋友徹底無語了，只好拍拍她的肩膀說：「你是個聰明人，好好想想吧，投資什麼都沒有投資健康重要！」

的確是這樣的，投資健康，今天的付出換來的是未來幸福的保證。健康就像是一顆小小的種子，沒有精心的澆灌和培育，是不可能換來豐碩的果實的。健康是人生的無形資產，加薪、升職的前提是什麼？不就是一個健康的身體嗎？你認爲一個身體都不是很健康的人有能力擔任更重要的職務嗎？

健康雖然不能直接兌換成金錢，但卻有著比金錢更寶貴的價值！有健康，才有將來。想獲取未來的美好，希望在未來有更大的成就，請你呵護好你的身體，保護好你的健康。

雖然大家都還年輕，年富力強，一般來說健康狀況良好。但有很多人因爲事業心強、工作繁忙，往往忽略了對健康的投資，甚至還有一些人做出健康透支的事情。比如抽煙、酗酒、經常熬夜等。

醫學專家告訴我們，實際上人體從二十歲左右就開始了衰老的過程。當你感覺健康不如以前時，你已經不能扭轉衰老的進程了。所以，二十幾歲，我們都要從下一秒開始，把健康當做人生重要的投資！想想看，在接下來的日子裏，未來的每一天都擁有健康的體魄、充沛的精力，那將是一件多麼美好的事，你的事業會蒸蒸日上，你的生活也會如虎添翼！

常言道：生命在於運動。從現在開始，每天做一些運動，就算工作再忙也要堅持下去。就以深呼吸來說，每天堅持做一些深呼吸，到了七十歲，你的肺活量下降僅僅百分之三十左右，而不是百分之七十。由此可見積少成多，持之以恆的威力。如果到了七十歲才去做深呼吸，再拼命地做也挽救不回已失去的肺功能！健康投資越早越好，不是嗎？

投資健康，從現在做起，每天鍛煉身體，選擇自己喜歡的運動，對自己「狠」一點，不但能保持一個良好的身形，還能減慢衰老的過程。

在青年時期，我們健康投資的重點是什麼呢？

請保持良好的健康習慣：堅持鍛煉身體，不抽煙、少喝酒；堅持適度和安全的性生活；定期到醫院做身體檢查；不亂吃東西，注意飲食健康；學會處理生活、工作中的壓力。

健康就像一棵樹，不澆水，不除蟲，不修剪枝葉，也許真的會垮掉！二十幾歲，我們不能讓自己的健康成爲自己事業的「老巫婆」，保護好你的常青樹，這是你永遠不會虧本的投資項目！

◎讓你越來越值錢，投資職場最見效

這個世界沒有什麼救世主，想有所作爲就必須靠自己。不管是上了大學也好，學習技術也罷，我們每個人都要面對職業的選擇。人們說：商場等於戰場，其實職場也等於戰場。一個在職場裏混得風生水起的人往往也是商場上的一把好手。不管從事什麼行業，也不說你將來希望達成什麼樣的願望，你都要面對職場的考驗。

工作能帶給我們技能、經驗、資金、爲人處世的技巧、管理能力、社會認同感、尊重、榮譽、地位、人脈……任何成功者都不可能離開工作而存在，沒有職業經歷的人也不可能成為一個成功者。職業真正的意義在於打造你成功的基石！

一個優秀的職員往往受老闆的器重和同事的尊重，越優秀的員工越能給老闆賺錢，優秀者本身就很「值錢」！二十幾歲的年輕人想讓自己越來越值錢，一定要先從投資職場開始。職業投資，就是充分利用自己的經驗、技能、知識、人脈等資源，取得職業和事業上的成功。

初入職場，最需要的是什麼？不就是對職場的投資嗎？投資要趁早，不管是金融投資、健康投資還是職場投資都是如此。職場也是一個投資場，只不過我們是在用自己的知識和能力進行投資。投資為的是回報，為的是收益。所以，投資職場關鍵在於注重職業生涯的規劃。

如何選擇自己的行業，就好比如何選擇自己的投資工具，選擇什麼樣的職業，也是需要深思熟慮的。投資要根據自己的天性和愛好，職業也不例外！我們不能看哪個行業賺錢就去盲目地跑到哪個行業去混，而要根據自己的才能和愛好去選擇。雖然現在國內大學生就業形勢很嚴峻，官員和專家們一直在強調先就業後擇業，這本無可厚非，但從長遠來看，必須有自己的職業規劃。別人說得再好聽，也只能當做參考，自己的選擇最重要！

既然是投資，我們就必須要考慮投資成本、方向以及風險。首先來看成本，上大學是投資，上班也是投資。上學的成本源自父母，將來的事業就全靠自己了。擇業是一輩子的大事，「女怕嫁錯郎，男怕入錯行」說的就是這個道理。

再來看方向，投資方向正確，人生成本就能轉化爲人生資本；投資方向錯誤，也許你的一生就毀了！這也就是投資的風險了。這不是危言聳聽，想想吧，如果你總是把時間花在玩遊戲上，浪費的不僅僅是時間和金錢，還有成本！對，你的人生成本！請記住，你的主要任務是投資——提高職業能力，其餘都是次要的！

那麼我們如何才能立足於競爭激烈的職場？又怎麼能讓自己更有市場價值？又怎樣提高自己獲取高薪或者得到晉升的能力呢？答案很簡單。請你好好投資自己的「職場資產」！

那什麼才是真正值得投資的「職場資產」呢？

一般認爲職場值得投資的標準有四種：知識、人脈、健康、個人品牌。需要你投入的成本是金錢、時間、精力。前面我們已經提到了人脈、健康以及個人品牌，在這裏，我們要說的重點就是對職場知識的投資。

個人的專業知識是最重要的資產之一，知識資產包括學歷、證照以及工作經歷。

＊投資學歷：現在很多碩士研究生都很難找到合適的工作，高階人才越來越吃

香，尤其是那些到國際著名大學留學的歸國人才。還有那些經過MBA等高級培訓的人才更是外資們的最愛。

＊投資證照：擁有職務相關證書的人，將優先獲得面試機會。所以，多考幾個證照還是很有用的。所謂「藝多不壓身」嘛！證件不能說明什麼，但可以表現一個人對一個行業的認同和投入的程度。專業的，就是值得信任的！所以，證書也是我們職場的好資產。

＊投資經歷：經驗是寶貴的，這項投資需要的不僅僅是金錢和時間，更多的是精力。有價值的經歷資產，往往能成爲你獲得加薪升值的砝碼。經驗帶給人自信，經驗帶給人動力，經驗讓職業前景更加光明！

◎每天進步一點點——充電是最有保障的投資

你想做蜘蛛俠還是蝙蝠俠？不想！你想做鋼鐵俠還是青蜂俠？不想！你想做超人

漢考克還是綠巨人？不想！我想做一個「充電俠」！

這是新一代年輕人的口號，我們要做就做「充電俠」！只有充足的電量才是我們不斷前進的動力，只有充足的電力才是我們最有利的保障！職場新人，我們屬於職場的「弱勢群體」，處於職場的最低層。正因爲如此，我們需要充電，需要加強對自身的投資。職場新人更要明白，要想日子過得好，必須讓自己強大起來！

走上社會，你的人生才剛剛開始。新人初涉職場，需要學習的東西太多了。面對生活壓力，工作提供的舞臺，年輕人更知道自己缺什麼，要什麼，怎樣來調整自己，所以充電的需要最迫切。

每一個人都需要職業規劃，每一個人都需要選擇適合自己的行業。選擇職業，一定要選自己擅長的，包括性格、愛好和能力。做自己喜歡並能做的工作，花最少的時間和精力，得到最高的利益，這不就是投資成功的訣竅嗎？

新人職場投資的目的一般有兩個，一是加強自己在本行業的生存能力，二是爲了轉到更好的行業。三百六十行，行行出狀元，不管選擇什麼樣的行業，適合自己的最重要，這是職場投資一項最基本的原則。有位哲人說：人們往往對事物的價格一清二楚，卻對它們的價值一無所知。投資職場也是如此，賺多賺少是表面現象，貴在尋找一個行業的價值。

英國《泰晤士報》的一位記者採訪「股神」巴菲特：

「在您至今所進行的所有投資中，哪一項的收益最高？」

巴菲特想了想，然後從辦公桌的抽屜裏拿出一個發黃的筆記本：「喏，就是這個。」

記者說：「您不會是在跟我開玩笑吧？」

巴菲特嚴肅地說：「這不是開玩笑，這是我最珍貴的財富。雖然這個筆記本的價格只有零點五美元！」

記者滿頭霧水，小心翼翼地打開了這個有些年代的發黃的筆記本，莫非裏面真的有什麼寶貝嗎？這時，記者才發現，這個筆記本上全是巴菲特親筆記錄的一些學習體會、讀書感想以及一些突然閃現的投資想法。

巴菲特笑著說：「不要小看這些不起眼的記錄，事實上，這筆財富創造的物質財富以及它本身仍在不斷地增值。因此，這就是我一生中最成功最漂亮的投資。」

「這可真是一筆巨大的財富啊！」記者不由得發出了這樣的讚歎。

巴菲特所說的最成功最漂亮的投資，不就是不斷地學習，不斷總結經驗，不斷充實自己的頭腦，不斷增長自己的學問，不斷培養自己的眼光嗎？正因爲巴菲特不斷地給自己充電，學習那些優秀的投資理財理念和方法，才成爲了全世界最成功的投資者。

我們不是超人，我們需要不斷補充自己的能量，有能量才能有保障。想在職場中獲勝，想出人頭地，我們需要每天都進步，每天都成長。每天進步一點點，事業、財富的保障也就多一點，成功的機率也就多一點！

◎開闢第三產業坐享其利

什麼是第三產業？通俗地來講就是服務業，主要指除了傳統的農業、工業、建築業以外的其他各業，其中包含生產性服務業、生活性服務業等諸多行業和領域。這裏所說的「第三產業」是一種比喻，也就是除了上班工作之外其餘的「副業」。能夠開發自己的第三產業，賺錢豈不是很容易？

在開闢第三產業時，一些問題還是需要注意的：

一、確定自己適合幹什麼。這需要好好研究研究，因爲我們虧不起。想開個小型服裝店、冷飲店、賣玩具還是事務所？不管多忙多累都要認真仔細地去考察這個行業的一切，看清事物的本質，更有利於長遠發展。

二、要有幹粗活重活的準備。要知道，這就是你的產業了，這就是你掙下的財富，能省則省，能自己幹的活就自己幹。幹點粗活，還能鍛煉身體。當然，也不要「事事躬親」，保護好自己的身體。

三、果斷決絕，切忌優柔寡斷。面對重大問題，自己要學會掌控自己，隨時準備作出事關今後商業活動命運的決定。生意是你自己的，別人不能替你拿主意。

四、學會編制切合實際的商務計畫。還是那句話，自己的事自己辦，大的方向還是需要自己制定的。想好以後的商業計畫，看看最近是虧損還是贏利，這些都要學會。也許，理財書籍和理財專家能幫上你的忙。

五、打造屬於自己的團隊。一個人不足以成事，現在已經不是單槍匹馬闖天下的時代了，想成功，必須依靠眾人的力量，最好是邀請那些專業人士來加盟。比如聘請一些有經驗的會計和服務人員，儘量別讓家屬和親戚摻和進來。

六、學會花錢，懂得節約。節省成本，不要購買多餘的東西。

七、不要害怕對手。有市場必然就會有競爭，遇到競爭對手，沒必要擔心害怕。臨危不懼是一種難得的品德，遇事之前要先搞清楚自己的競爭對手實力有多大，自己能占多大優勢，當前的市場是不是飽和了，自己還能不能開發一些對手無法做到的項目。

八、學會管理財務。聘用會計固然很好，但是剛開始最好還是自己做好賬目。任何人都不能看到自己的財務，處理自己的資金，就算是親生父母也不行。還要學會分析銀行賬目，善於利用貸款，並且讓銀行家相信你，有償還貸款的能力。

◎大環境不好時，休息也是一種投資

「大經濟環境不行，不管你做什麼都是錯的。」也就是說，不管你把錢放到股市、房產，或者基金、外匯，或者黃金、期貨，這些都是錯的，只有放到銀行的保險櫃才是對的。現在幾乎所有的市場都接近飽和，你想方設法找的項目，都很難賺錢，而那些真正好的項目是不缺錢的。所以，沒有特別通道和資源的年輕投資者，做什麼都要三思而後行。

投資還是要投的，更不要失去投資的勇氣，但請記住一句話：休息也是一種投資！適當地休息，不要再緊盯著股票走勢看了，享受享受和家人共處的悠閒時光。休息時也可以投資學習、投資健康、投資親情嘛。休息可以補充你的能量，放鬆你的心情，過後也能更好地投入新的戰鬥。

華爾街著名的投資大師索羅斯，就是一個善於「休息」的人，他每週工作一般不超過三十個小時，剩下的時間多用來休假或者娛樂。對於這樣獨特的工作方式，他說：

「其實休息也是工作的一部分，遠離市場，才能更清晰地看透市場。如果每天都盯著市場，最終會被一些細枝末節左右，很容易迷失自己的方向。」

索羅斯就是一個深諳勞逸結合投資之道的高手。事實上，也是如此。不管做什麼事都講究個勞逸結合，投資也不例外。

錢是永遠也賺不完的，賠錢卻非常容易。我們在投資的時候，都想賺錢，但大的環境不好，極易造成資金縮水，賠錢心情不好，容易不理智，造成一個惡性循環。所以，作爲一個理性的投資者，不妨學會適當地休息。

投資，保持一個良好的心態很重要。市場上漲不得意，跌了也不要垂頭喪氣，把「平常心」掛在嘴邊。期望越高，失望越大，不要總想著發大財，賺了還想賺更多，要學會留點空間給別人。投資沒有常勝將軍，也沒有只輸不贏的倒楣蛋，關鍵是平衡你的內心。

還有，投資重在對市場的理解和感悟，有了深層次的領悟力才能作出正確的投資決策。投資決策正確，一年做一筆交易就能賺大錢；投資決策錯誤，一年做一百筆的交易也未必有較大的收益。就像工作的時候一樣，工作效率高的人，一小時的活也許就能頂效率低的人三小時！效率高早早幹完休息了，效率低的浪費時間不說，還浪費精力。

會休息的人，善於把握市場的變化，審時度勢，能合理調配資金。告誡不會休息的投資者：休息也是一種投資策略，並且在大環境不好的情況下，休息是一種最好的投資。

◎一定要找到你的優勢，並將優勢最大化

奧托・瓦拉赫讀中學的時候，父母爲他選擇的是一條文學之路。但是，他並不感興趣，文學老師給他的評語是這樣的：這個孩子雖然很用功，但思維很拘束，想在文學上有什麼大的成就幾乎是不可能的。

既然不適合文學，那就尊重老師的意見，讓他改學畫畫。但是，小奧托對畫畫也很不感冒，成績一直是全班倒數第一。美術老師給他的評語是：這個孩子不關心構圖，也不會潤色，對藝術的理解力極差！很可惜，您的孩子不適合繪畫！

小奧托的父母發愁了，學校的老師也在發愁，不知道該怎麼辦好？這個孩子太「笨」了，也許真的是「成才無望」了。但小奧托的化學老師卻慧眼識珠，覺得他做事一絲不苟，勤勤懇懇，具備做好化學試驗應有的品質。於是，小奧托跟在了化學老師的身邊，沒想到化學點燃了這個孩子智慧的火花，他的成績遙遙領先於其他同學，原來他是個化學天才！

如果你還不瞭解他的話，請翻開諾貝爾化學獎的史冊，你就會看到奧托・瓦拉赫這個名字。一個偉大的化學家誕生了。

成功源自哪裡？成功，一定要找到自己的優勢，並將自己的優勢最大化！

天性是指人先天具有的品質或性情，是一個人出生就具有的秉性。比如說，你喜歡安靜，他喜歡熱鬧，所從事的行業也不盡相同，以後的人生之路也各不相同。愛好則是產生工作動力的源泉，有很多成功者就是靠著自己的愛好賺錢的。因爲他們相信：熱愛自己的事業並爲之不斷奮鬥，這就是最簡單最有效的致富秘訣！

在投資的時候，沒有固定的模式，更不可能因爲你的性格出現什麼偏差，每個人都可能成爲有錢人，關鍵是要找對適合自己的方向。二十幾歲，我們步入社會不長時間，最好是選擇最符合自己天性和愛好的工作。工作是年輕人獲取制勝法寶最重要的基礎，可想而知，如何選擇就成爲重中之重了！

一提「賺錢」，年輕人往往會認爲非大視野、大手腕所不能爲，和自己的天性和愛好沒什麼關係。賺錢是那些擁有高級商務知識的人幹的事，自己只是個毛頭小子，現在還談不上什麼投資呢。投資其實也很簡單，只要充分利用自己的愛好，把自己的天性、興趣和合適的理財投資工具相結合，把創業熱情和適合自己的商業專案相結合，成功並不是想像的那麼難！

據《徑野子內篇》記載：一個老頭有五個兒子，老大質樸，老二聰慧，老三目盲，老四背駝，老五足跛。這個老人是個聰明人，他是這樣安排的：老大務農，老二經商，老三按摩，老四搓繩子，老五紡線。後來，五子俱得安康。這不就是根據自己的天性特徵和興趣去投資的最好佐證嗎？

投資最重要的是抓住自己的長項，不能盲目，不能一窩蜂地看什麼賺錢就投資什麼。掌握自己最拿手的，最大地發揮自己的優勢，才不致在自己不瞭解甚至是盲目的項目上浪費時間和金錢。假如去投資有違自己天性和愛好的劣勢，雖然能有一些收益，但放棄自己的優勢卻是最大的失敗。投資不等同選擇職業，投資是有風險的。

更何況，一味地把時間花在彌補缺點、克服弱點上，遠遠不如發揮優勢產生的效益高。投資也是這樣，從二十幾歲開始創業，年輕就是本錢。投資自己的優勢，最大程度地發揮自己的優勢，最大化地創造自己的價值，這才是賺錢的最高境界！

二十幾歲，是一個人發揮自己潛力的最好時期，相信自己，發揮自己的特長，財富就在你的眼前！

告別月光族，晉身有錢一族

作者：張兵
出版者：風雲時代出版股份有限公司
出版所：風雲時代出版股份有限公司
地址：105台北市民生東路五段178號7樓之3
風雲書網：http://www.eastbooks.com.tw
官方部落格：http://eastbooks.pixnet.net/blog
Facebook：http://www.facebook.com/h7560949
信箱：h7560949@ms15.hinet.net
郵撥帳號：12043291
服務專線：(02)27560949
傳真專線：(02)27653799

執行主編：朱墨菲
美術編輯：許芷姍

法律顧問：永然法律事務所 李永然律師
北辰著作權事務所 蕭雄淋律師
版權授權：蔡雷平

初版日期：2012年11月
ISBN：978-986-146-899-0

總 經 銷：成信文化事業股份有限公司
地　　址：台北縣新店市中正路四維巷二弄2號4樓
電　　話：(02)2219-2080

行政院新聞局局版台業字第3595號 營利事業統一編號22759935

國家圖書館出版品預行編目資料

告別月光族，晉身有錢一族
／張兵 著. -- 初版 -- 臺北市：
風雲時代，2012.06　面；　公分
ISBN 978-986-146-899-0（平裝）
1. 個人理財　2. 投資
563　101010297

原價：250元
特價：199元